dumont kunst-taschenbücher

Ingeborg Tetzlaff wurde als Tochter eines Verlegers in Berlin geboren. Ausbildung im Verlagsbuchhandel und Tätigkeit im väterlichen Verlag. Seit 1951 lebt sie in Köln. Früh Veröffentlichungen von Lyrik und Prosa, in Buchform erschienen eine Novelle und ein Roman, 1965 das literarische Reisebuch ›Einladung nach Sardinien‹ sowie 1984 der Lyrik-Band ›Stufen‹, mit Zeichnungen von Arne Heiderich, Waldkirch/Br. Freie Mitarbeit bei verschiedenen Rundfunkanstalten auf den Gebieten Reisen, Kultur- und Literaturgeschichte und Brauchtum. Ausgedehnte Reisen in Europa, vor allem in Frankreich, Spanien, Griechenland, Jugoslawien und Malta und über dreißig, oft mehrmonatige Aufenthalte in Italien.

In den DuMont Taschenbüchern veröffentlichte Ingeborg Tetzlaff in gleicher Ausstattung die Bände ›*Romanische Kapitelle in Frankreich*‹ (1976), ›*Romanische Portale in Frankreich*‹ (1977) und ›*Griechische Vasenbilder*‹ (1980). In der Reihe der DuMont Kunst-Reiseführer erschienen ›*Malta und Gozo. Die goldenen Felseninseln – Urzeittempel und Malteserburgen*‹ (1977, Neubearbeitung und Erweiterung 1983) und ›*Drei Jahrtausende Provence – Vorzeit und Antike, Mittelalter und Neuzeit*‹ (1985); 1978 gab die Autorin den Band ›*Licht der Provence*‹ heraus (DuMont Reise-Dokumente).

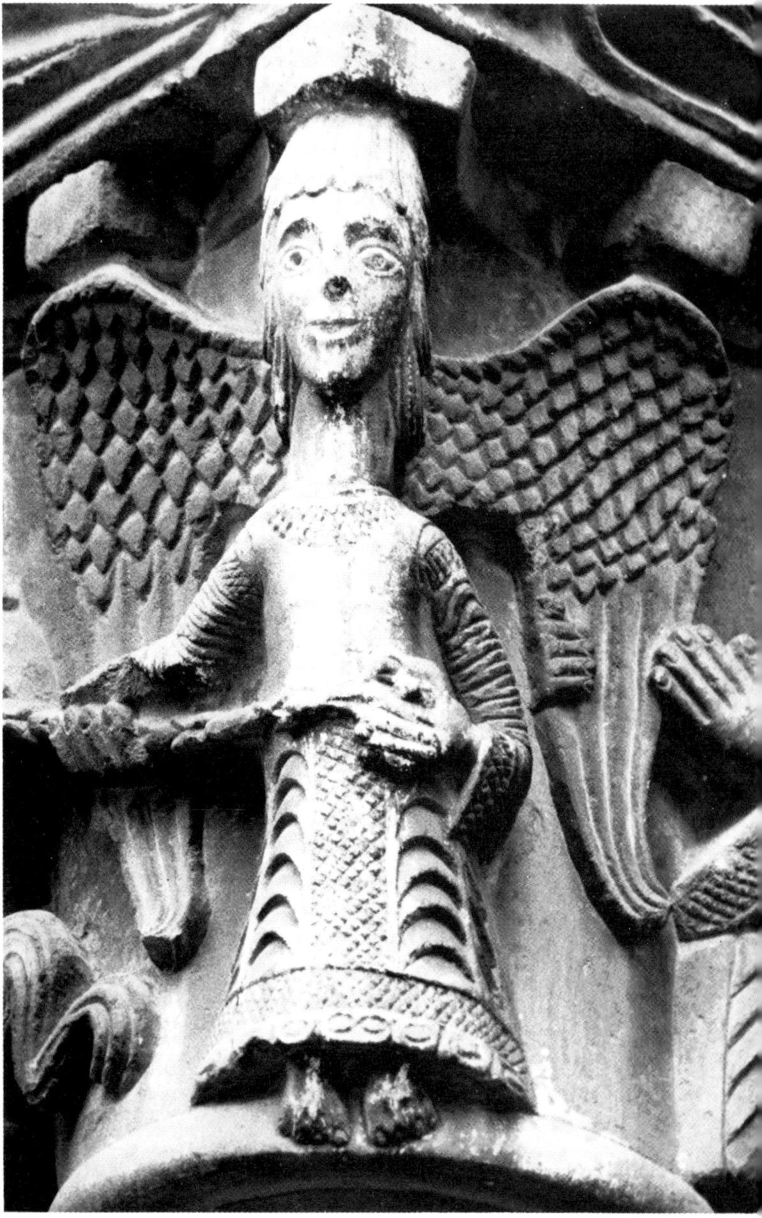

Ingeborg Tetzlaff

Romanische Engelsgestalten in Frankreich

Mit 11 mehrfarbigen und 94 einfarbigen Abbildungen
von Barnim Heiderich

DuMont Buchverlag Köln

Auf der Umschlagvorderseite: Engel mit Christus in der Mandorla, Duravel (Lot), 11. Jh.
Frontispiz: 1 Engel bändigt einen Teufel, Espira-de-l'Agly (Pyrénées-Orientales), Wende 12./13. Jh., s. a. Abb. 48

Erstveröffentlichung

Satz und Druck: Rasch, Bramsche
Buchbinderische Verarbeitung: Bramscher Buchbinder Betriebe

Printed in Germany ISBN 3-7701-2012-4

Inhalt

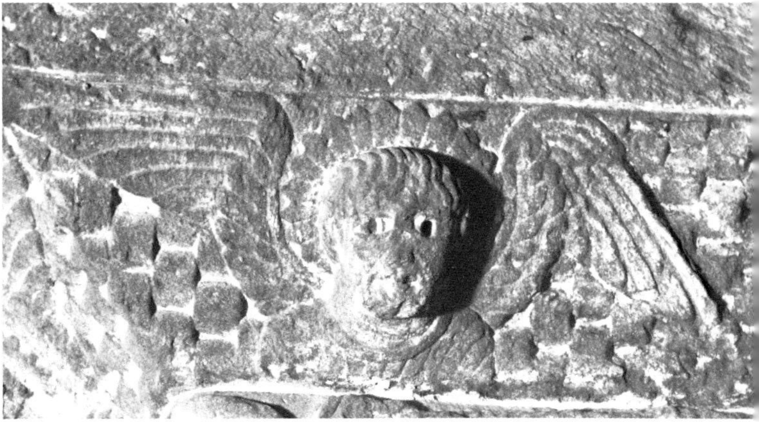

2 Engel von der Kirche Sainte-Fauste, Eingangshalle, in Bozouls (Aveyron), Anfang 12. Jh.

Einführung

> »Der Engel ist Geist; nur Geist. Nicht dem Leibe feindlich, aber unleiblich. Die Wahrheit, das Gute, die Ordnung, die Schönheit bestimmen sein Dasein. Er ist ›Licht‹ und ›Glut‹. Für ihn bestehen weder Grenzen des Raumes noch der Zeit. Alle Höhe, Tiefe, Weite des Sinnes und der Wesenheit ist sein Bereich. Er steigt auf, dringt ein, durchmißt. Das drückt sich in den Flügeln aus: Der Engel ist der Fliegende.«
>
> Romano Guardini
> (Der Engel in Dantes Göttlicher Komödie)

Die Vorstellung, daß es Geistwesen gibt, die – den Sterblichen übergeordnet und lenkend in ihre Geschicke eingreifend – zwischen Himmel und Erde dem Schöpfer und Herrn der Welt dienen und seine Befehle ausführen, ist uralt, älter als die Evangelien und die Bücher des Alten Testaments. Engel, Götter und Dämonen, unter welchem Namen sie auch immer bezeichnet wurden: die Völker des Orients wie auch die Griechen und Römer der Antike glaubten an sie und ihre Macht. Akkadische Rollsiegel aus dem 3. Jahrtausend v. Chr. zeigen die Fruchtbarkeitsgöttin Ischtar mit Flügeln. Auf einer Wand des Palastes des Assurnasirpal II. in Nimrud aus dem 9. Jahrhundert v. Chr. kämpft ein geflügelter Gott als Verteidiger des Kosmos gegen das Ungeheuer des Chaos und nimmt damit das Bild des hl. Michael als Drachentöter und ›defensor fidei‹ vorweg. Der böse Dämon Pazuzu der altbabylonischen Religion mit seinem nackten Körper, mit Flügeln, Adlerfängen und Teufelsfratze würde in einer Darstellung der Höllenqualen an einer romanischen Kirche kaum auffallen, denken wir an Conques, Chauvigny oder Autun (Abb. 37ff., 43, 48, 55ff.).

Nike, die geflügelte Siegesgöttin der Griechen, ist ein weiteres Beispiel.

So ist es nicht verwunderlich, daß mit der Festigung des christlichen Glaubens in Europa Überlieferungen sehr viel älterer Kulturen und sehr entfernter Länder in ihn eingingen.

Dann hat es lange gewährt, bis aus den geistigen Strömungen des versinkenden Altertums, seinen Lehrmeinungen, Sekten, Mysterienkulten, Philosophien schließlich das Christentum als die siegreiche Religion hervorging und verbindliche Gültigkeit gewann. Die antike Welt, ihr Lebens- und Glaubensgefühl, ist sehr langsam gestorben. Die ersten Jahrhunderte nach Christi Geburt vergingen zuerst mit dem Kampf der Kirche ums Überleben und danach mit zahllosen Auseinandersetzungen und Deutungen der neuen Lehre und einander widersprechenden Auffassungen ihres wesentlichen Gehalts. Gemeinden wurden gegründet, Einsiedler – als Wundertäter und Heilige verehrt – gewannen Einfluß, ihre Bußübungen und Kasteiungen schienen so vorbildlich, daß sie vom eigentlichen Sinn der christlichen Lehre ablenkten und damit auch den Priestern die Führungsrolle entzogen, die der Verbreitung der Glaubensinhalte dienen sollte.

Erst den großen Konzilien der ersten Jahrhunderte n. Chr. gelang es, Schritt für Schritt, aus den Überlieferungen des Vorderen Orients, Persiens, Ägyptens, der jüdischen Bibel, der griechischen Philosophie und den antiken Mythen den Glauben herauszukristallisieren, der heute in Ost und West einen festumrissenen Inhalt hat.

Die Kirchenväter, aus den verschiedensten Ländern, aus Ägypten, Mesopotamien, Griechenland und dem Vorderen Orient stammend, und nur im Glauben an die Erlöserrolle und Göttlichkeit Christi ganz einig, diesen Glauben allerdings als die fundamentale Wahrheit ihres Lebens wertend, hatten in den Jahrhunderten des geistigen Umbruchs, der die Antike von einem neuen Weltalter schied, größte Mühe, wenigstens in den wesentlichsten Fragen Übereinstimmung zu erzielen. Jeder von ihnen brachte aus seiner Heimat geistiges Erbe mit ein – gleichviel, ob wissentlich oder unbewußt –, und seine Anhänger sorgten, von nicht weniger glühender Frömmigkeit erfüllt als er, für die Verbreitung seiner Ideen.

Die alten Götter starben noch nicht überall. Aber sie wandelten ihre Gestalt. Sie nahmen Dämonencharakter an oder wurden zu Engeln, wie sie schon das Alte Testament gekannt hatte, übermenschlich groß und licht.

Eine Mittlerrolle, die mit dem großen christlichen Schöpfergott verband, gab es sonst nicht. Apostel- und Hirtenbriefe bedeutender Bekenner wie Paulus stärkten den frühen Gemeinden in fernen Städten den Glauben. Die ersten Märtyrer opferten ihr Leben für Christus in den römischen Arenen. Erst als aus diesen Märtyrern Heilige geworden waren, denen man Fürbitten vortragen konnte, traten für diese Vermittleraufgabe die Engel in den Hintergrund.

Deren Hierarchie war nach dem Vorbild des byzantinischen Kaiserhofs von einem syrischen Philosophen, der als Pseudo-Dionysius Areopagita (um 500 n. Chr.) in die Kirchengeschichte einging, aufgestellt und durch das Religionsgespräch zu Konstantinopel im Jahre 533 weithin bekannt, aber auch bekämpft worden.

Dieser ›Pseudo-Dionysius‹, dessen Schriften zu einer der Hauptquellen mittelalterlicher Mystik wurden, stellte sich die göttliche Ordnung, der er die Heerschar der Engel unterstellt dachte, ungefähr folgendermaßen vor: Über den Menschen wirken die Schutzengel und über diesen, wie sie einem ersten Himmel angehörend, Erzengel und Engelsfürsten; in einem zweiten Himmel darüber ›Gewalten‹ und ›Herrschaften‹ und in einem dritten, dem allmächtigen Schöpfer schon ganz nahe, die sogenannten ›Throne‹ und vierflügeligen ›Cherubim‹, während in der unmittelbaren Nähe Gottes, ihn mit dem unaufhörlichen Lobgesang »Heilig, heilig, heilig« umschwebend, die sechsflügeligen ›Seraphim‹ gedacht wurden.

Einem Menschen des 20. Jahrhunderts, der in den Überlieferungen des Christentums aufgewachsen ist, werden diese Vorstellungen von Engelreichen in verschiedenen, einander übergeordneten Himmeln ziemlich befremdlich vorkommen. Es muß jedoch bedacht werden, daß dieser höchst gelehrte Kirchenvater immerhin imstande war, für jede seiner Behauptungen eine Bibelstelle des Alten oder Neuen Testaments oder ein Zitat aus einem Apostelbrief anzuführen. Darauf konnte sich seine Glaubwürdigkeit stützen. Er schrieb unter dem Namen des dem Athener Areopag angehörenden Griechen Dionysius Areopagita, den wahrscheinlich noch Paulus selbst bekehrt hatte und der als Bischof von Athen dort als einer der ersten Märtyrer starb.

Die junge Kirche im ganzen zerfallenden Weltreich Rom, wenn auch zuerst nur in kleineren oder größeren Gemeinden verbreitet, rang noch, überall von altüberlieferten Kulturen und Vorstellungen beeinflußt, um ihre verbindlichen Glaubensinhalte. Die verschiedenen Lehren konnten sich um so leichter ausbreiten, als der Verkündigung des Evangeliums nur die mündliche Botschaft und die Briefe der Apostel an die Gemeinden zu Gebote standen, nicht aber bildliche Darstellungen, die der schweifenden Phantasie der Gläubigen Halt gaben, sie begrenzten und verbindlich formten.

Die erste christliche Kunst, die wir in Westeuropa kennen, ist die in den Katakomben, ist Schmuck der Grabstätten der Märtyrer und geistlichen Führer. Hier wirkte das Vorbild der Antike noch deutlich nach. Themen wie der Gute Hirte, Engel als Putten auf Blumengirlanden schwebend, ein mit ausgebreiteten, zum Himmel erhobenen Armen Betender, mischten sich mit Glaubenssymbolen wie Anker und Taube. All dies ist im römischen Stil der Zeit gestaltet, auch wenn Themen wie Daniel in der Löwengrube, Abraham, Isaak und Jonas, ursprünglich jüdische Motive, dargestellt wurden.

In Frankreich gehörten die reich skulptierten Sarkophage aus der alten Bischofsstadt Arles zu den ältesten Zeugen bildender Kunst des Christentums, auch sie noch im heidnisch-römischen Stil ihrer Zeit. Mit der erhobenen Rechten huldigen da die Jünger auf den Längswänden der Marmorsärge ihrem Herrn, der als bartloser Jüngling sein mannshohes Kreuz in der Rechten hält, sieghaft, von einer Glorie umgeben. Daß sie ihm ein »Ave, Caesar« zurufen, glaubt man zu hören, ebenso wie man ihre Bereitschaft zu sehen glaubt, für ihn in der Arena zu sterben.

Was in den folgenden Jahrhunderten, in denen Araber, Kelten und Germanenstämme große Gebiete Frankreichs eroberten oder durchzogen, an Kunstwerken geschaffen wurde und erhalten blieb, beschränkt sich meist auf Gold- und Silberarbeiten, auf Reliquiare, Abendmahlskelche, Kreuze und dergleichen, aber auch auf illuminierte Handschriften und Meßbücher – Gegenstände, die wohl Mönche und Priester, doch kaum das Volk näher zu sehen bekamen. Nach literarischen Zeugnissen muß es allerdings unter den Karolingern schon viele umfangreiche Wandmalereien gegeben haben, in Kirchen, Krypten und in den frühen Taufkapellen. Vieles davon ist wahrscheinlich bald dem Klima zum Opfer gefallen.

Erst, was etwa 800 bis 1000 Jahre nach Christi Geburt an Portalen, Säulenkapitellen und in Apsiden plastisch gebildet wurde, brachte, wenn auch oft ungeschickt noch und symbolhaft verschlüsselt, die christliche Botschaft den Gläubigen näher.

Dem Laien ist es nun überraschend zu bemerken, daß sich die christliche Botschaft in den verschiedenen Regionen Frankreichs durch ihre bevorzugten Inhalte unterschied, daß andere Symbole und Themen im Westen, Osten und mittleren Frankreich in den Vordergrund traten und betont wurden. Im Norden ist dies weniger auffällig; denn dort ist nicht viel frühe Kunst erhalten geblieben. Zwar wechselten die mit Vorrang behandelten Motive auch hier, doch wurden die älteren Darstellungen nach der Jahrtausendwende durch die aufstrebende Gotik weitgehend verdrängt.

Die Erklärung für diese Unterschiede ist einfach: die diesem Text beigegebene Karte (s. S. 137), die auf dem bedeutenden Werk ›Lexique des Symboles‹ von Olivier Beigbeder fußt, zeigt im heutigen Südostfrankreich eine ›ägyptische‹ Zone, im Südwesten, d.h. im Languedoc und Nordspanien jedoch eine ›mesopotamische‹, zwischen und über ihnen (Burgund, Auvergne, Loire-Gebiet) eine sogenannte ›mittlere‹, d.h. ein Gebiet, in dem sich beide Elemente, dazu griechische und andere, auch keltische und germanische Einflüsse, mischen. Mönche aus Ägypten, aus Syrien, Mesopotamien und Griechenland haben hier missioniert und haben Vorstellungen aus ihren viel älteren Kulturen in den christlichen Glauben eingebracht. So werden z.B. in Burgund hinter dem Seelenwäger Sankt Michael (Abb. 37) der ägyptische Osiris und im Norden Frankreichs der keltische Lichtgott Lug sichtbar.

Vom Wort zum Bild

In der romanischen Zeit, also vornehmlich in den zwei Jahrhunderten zwischen 1050 und 1250 geschieht nun das Unerhörte, bis dahin noch nicht oder nur andeutungsweise in Westeuropa Dagewesene: die Umsetzung des bisher fast nur durch das Wort Verkündeten in bildnerische Form, in allen Gläubigen zugängliche Fresken oder Plastiken an Kirchenwänden, an Portalen und in Krypten. Damit nimmt Gestalt an, und zwar eine die Vorstellung des einzelnen prägende Gestalt, was vorher noch der schweifenden Phantasie eines jeden mehr oder weniger überlassen blieb. Vergessen wir nicht, es ist das Zeitalter der großen, oft jährlich unternommenen Pilgerfahrten nach den heiligen Stätten, nach Rom, Jerusalem und nach Santiago de Compostela im Nordwesten Spaniens, es ist zugleich auch das Zeitalter der Kreuzzüge, ein Zeitalter, das die um ihr Seelenheil besorgten Menschen umtreibt, von Stadt zu Stadt, von Land zu Land.

Wer nun etwa an der Fassade von Saint-Gilles in der Provence die Gestalt des hl. Michael, dieses mächtigen Helden der Kirche, gesehen hatte (Abb. 30), prägte sich dem nicht dies ebenso reine wie kraftvolle Bildnis so tief in die Seele, daß es ihn auf seiner Wallfahrt nach Compostela nicht mehr verließ? Gewann es nicht bis in seine Träume hinein Wirklichkeit und Kraft?

St. Michael, der den Drachen tötete (Abb. 27), wurde so dem Pilger auf seiner Wallfahrt zum Geleiter, Helfer und ritterlichem Vorbild. Aus dem christlichen Spanien dieser Jahrhunderte wird berichtet, daß die gegen die Araber Kämpfenden plötzlich ihren Nationalheiligen St. Jakob in strahlender Rüstung das Heer anführen und ihm zum Sieg verhelfen sahen, eine Vision der Gläubigen, die sicherlich aus vielen bekannten Bildwerken gespeist worden ist. Mit einem Engelsbild wie dem des Erzengels Michael, sei es nun das vom Portal in Saint-Gilles (Abb. 30), oder einem der Drachentöter aus Burgund oder der Auvergne, ist viel, ja, Bestimmendes ausgesagt und bewirkt. Für den ritterlichen, gläubig gesinnten Menschen ist ein dem Ideal seiner Zeit entsprechendes Vorbild geschaffen worden, das um so eindringlicher war, je vollkommener die Darstellung gelang.

Insofern ist die Auswahl der plastisch behandelten Themen aus der ungeheuren Fülle, die Altes und Neues Testament bieten, alles andere als zufällig, entspricht vielmehr dem Geist der Zeit, der Zeit des Klosterbaus und des mönchischen Lebens, der Kreuzzüge und des Rittertums, einer Zeit tiefer Frömmigkeit und Sorge um das ewige Heil. Jede Epoche entnimmt anderes der Bibel und rückt es in den Vordergrund ihrer Betrachtungen. Ein flüchtiger Themenvergleich schon überzeugt uns davon. So ist z. B. wohl die Geburt Christi, kaum aber je seine Kreuzigung ein Motiv der Darstellung in diesen Jahrhunderten gewesen, und erst die Gotik greift dies Thema immer wieder und mit hoher Intensität auf. Christus, der Weltenherrscher, Christus, der Weltenrichter im Jüngsten Gericht, Christus, der Gottkönig in der Mandorla von Engeln emporgetragen, wie er in Saint-Genis-des-Fontaines oder in Saint-André-de-Sorède dargestellt wurde (Abb. 71, 72): so sahen ihn die Menschen gegen das Ende des 1. Jahrtausends nach seiner Geburt.

Erst im späten 13. Jahrhundert tritt der Leidende am Kreuz und mit ihm das Bild des Erlösers in den Vordergrund. Mit ihm verwandelt sich auch das Bild der Engel vom frühen, übergroßen und strengen Mann-Engel zum harmonischweiblicheren, gütig-hilfreichen, wie wir ihn vom Engelspfeiler des Straßburger Münsters und aus Reims kennen.

3–26 Engel als Boten und Verkünder ▷

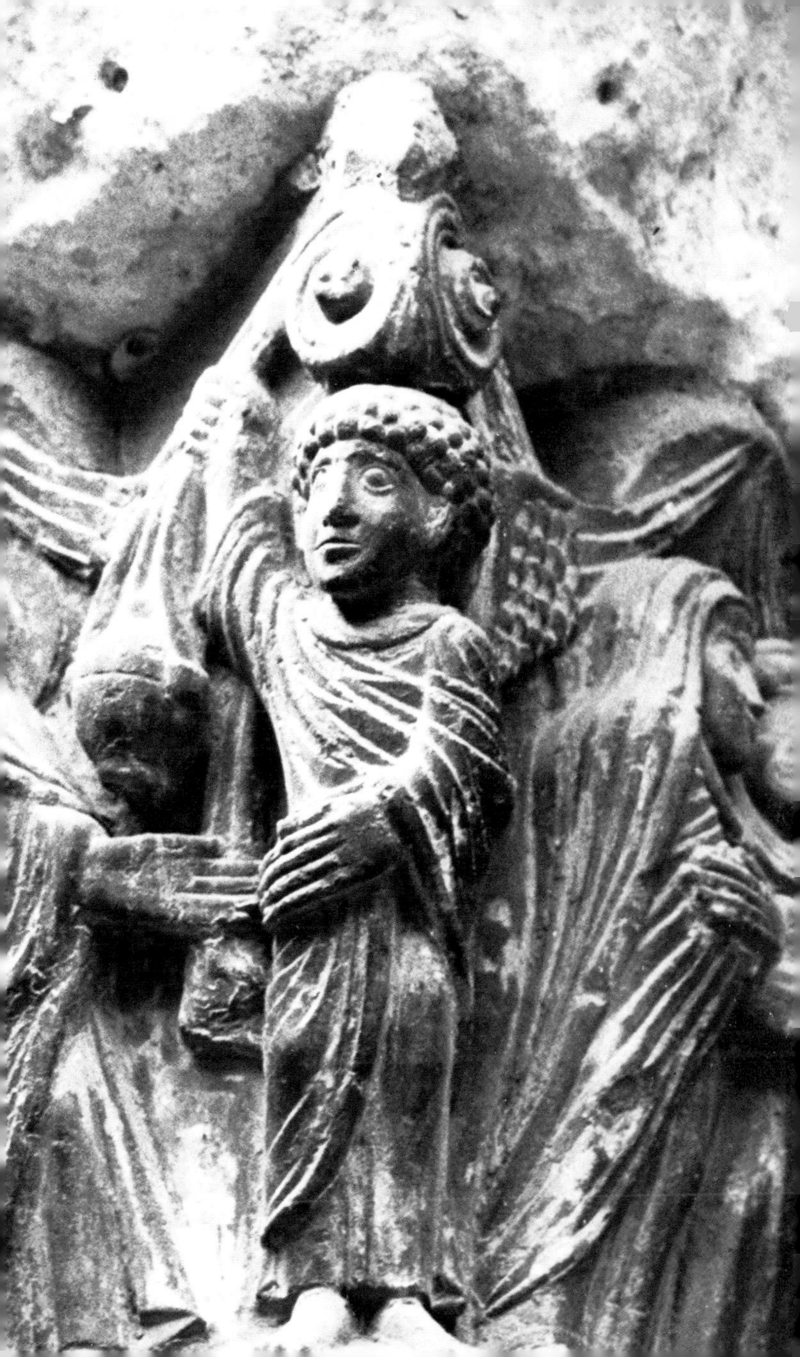

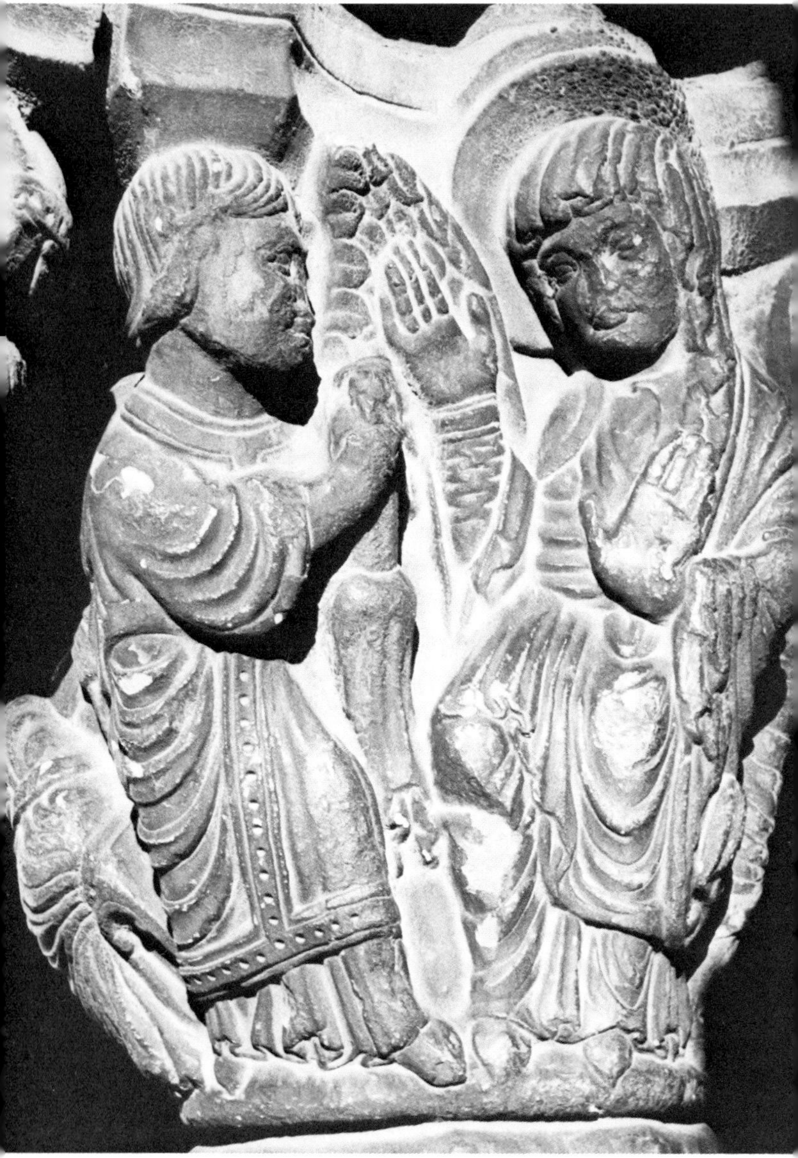

4 Verkündigung an Maria, Arles (Bouches-du-Rhône), Saint-Trophime, Kreuzgang, Mitte 12. Jh.

◁ 3 Erzengel Gabriel: Verkündigung an Maria, Toulouse (Haute-Garonne), Saint-Sernin, Anfang 12. Jh.

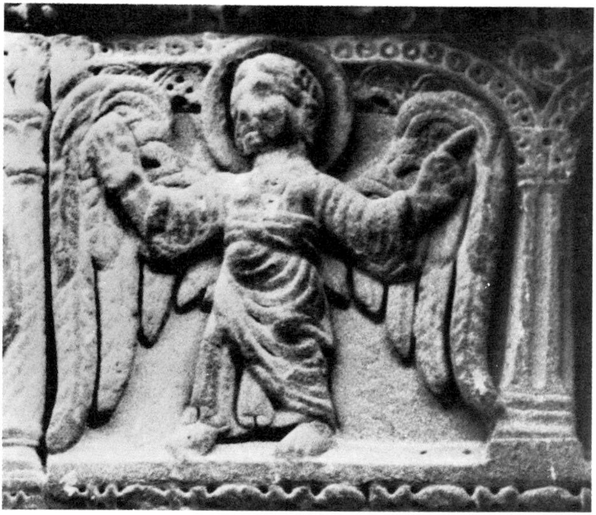

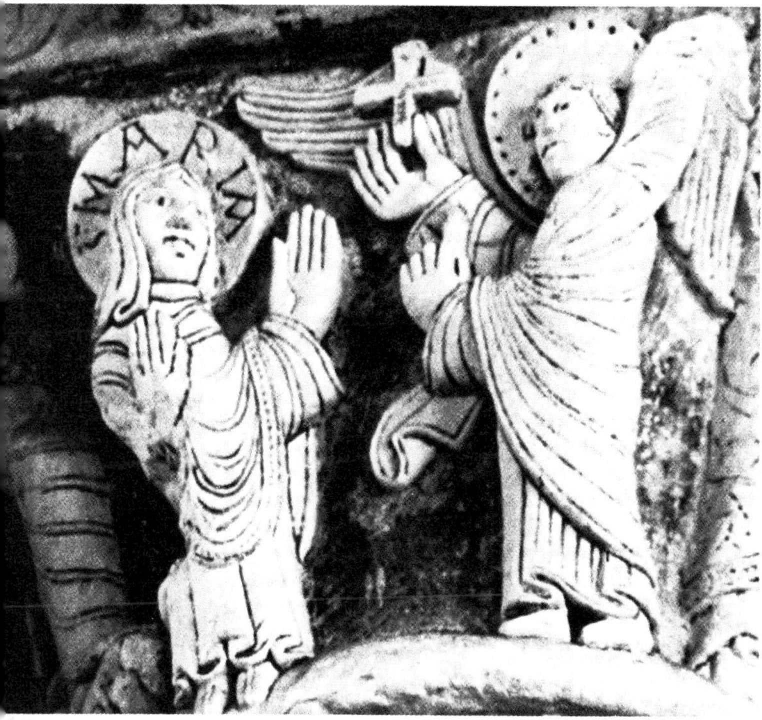

5, 6 Verkündigung in Arles (Bouches-du-Rhône), Saint-Trophime, Portal, letztes Drittel 12. Jh., und in Chauvigny (Vienne), Saint-Pierre, 12. Jh.

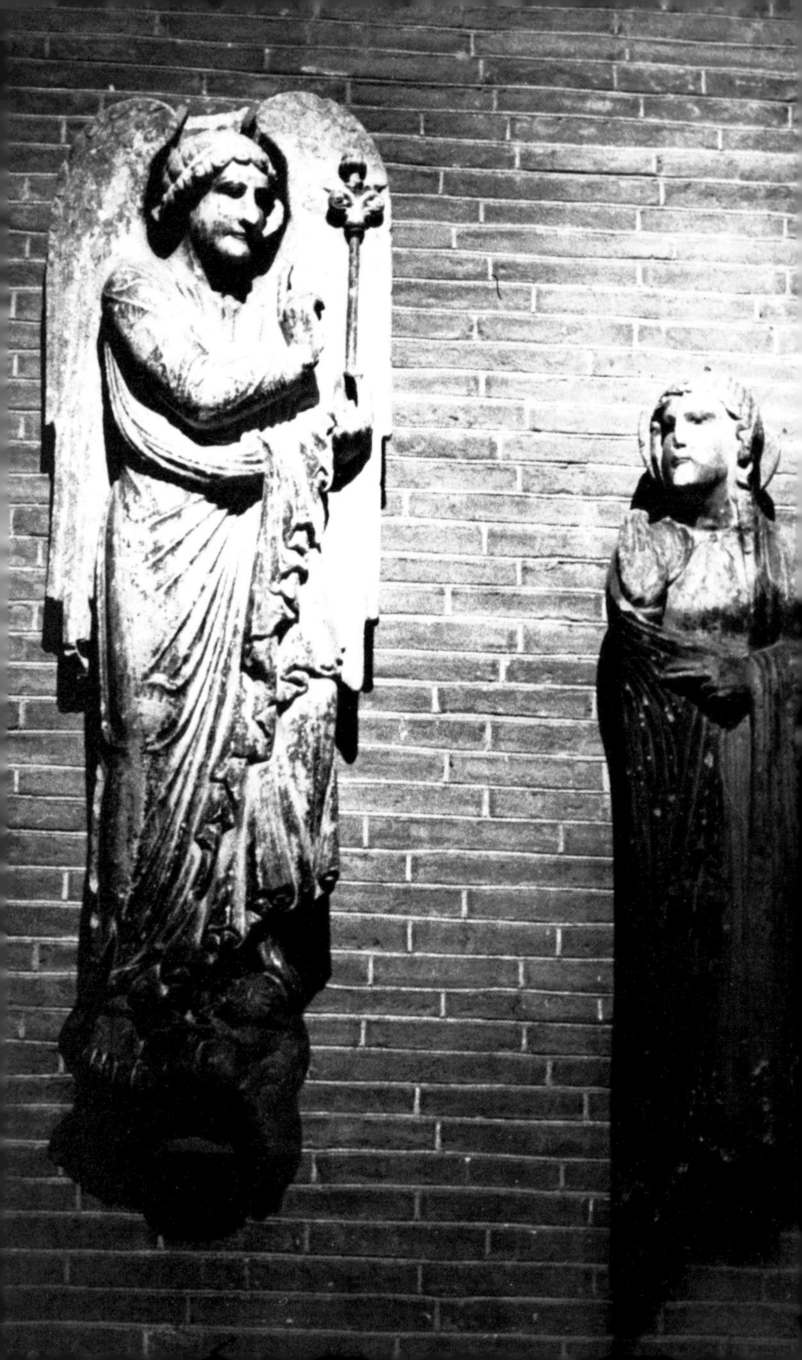

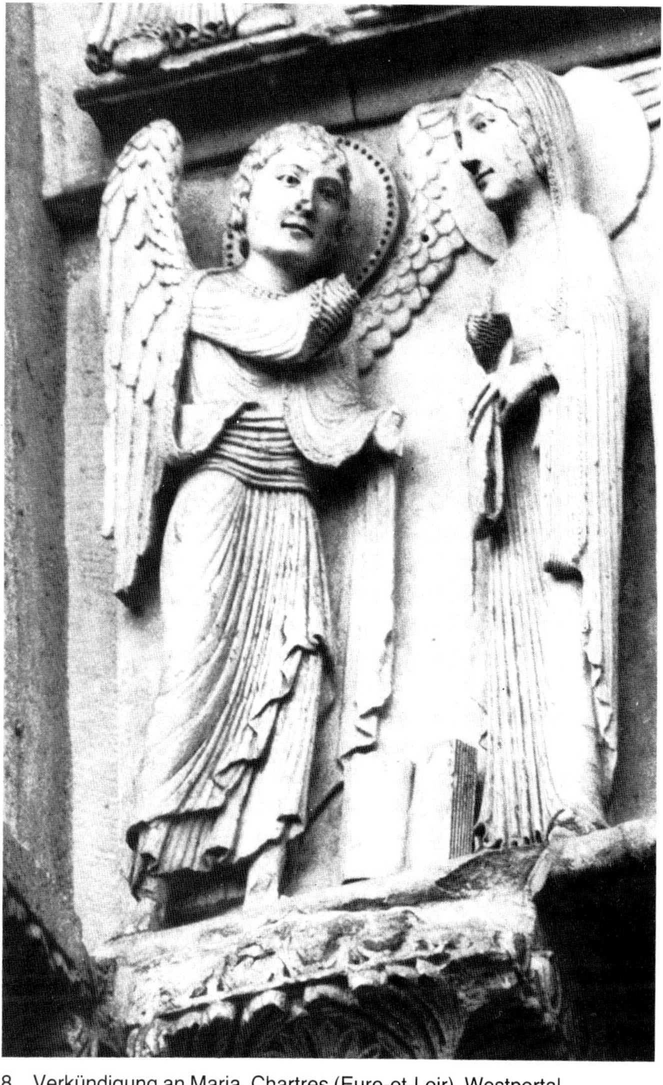

8 Verkündigung an Maria, Chartres (Eure-et-Loir), Westportal, Mitte 12. Jh.

◁ 7 Verkündigung an Maria, Toulouse (Haute-Garonne), Augustiner-Museum (aus der Kirche Des Cordeliers), um 1200

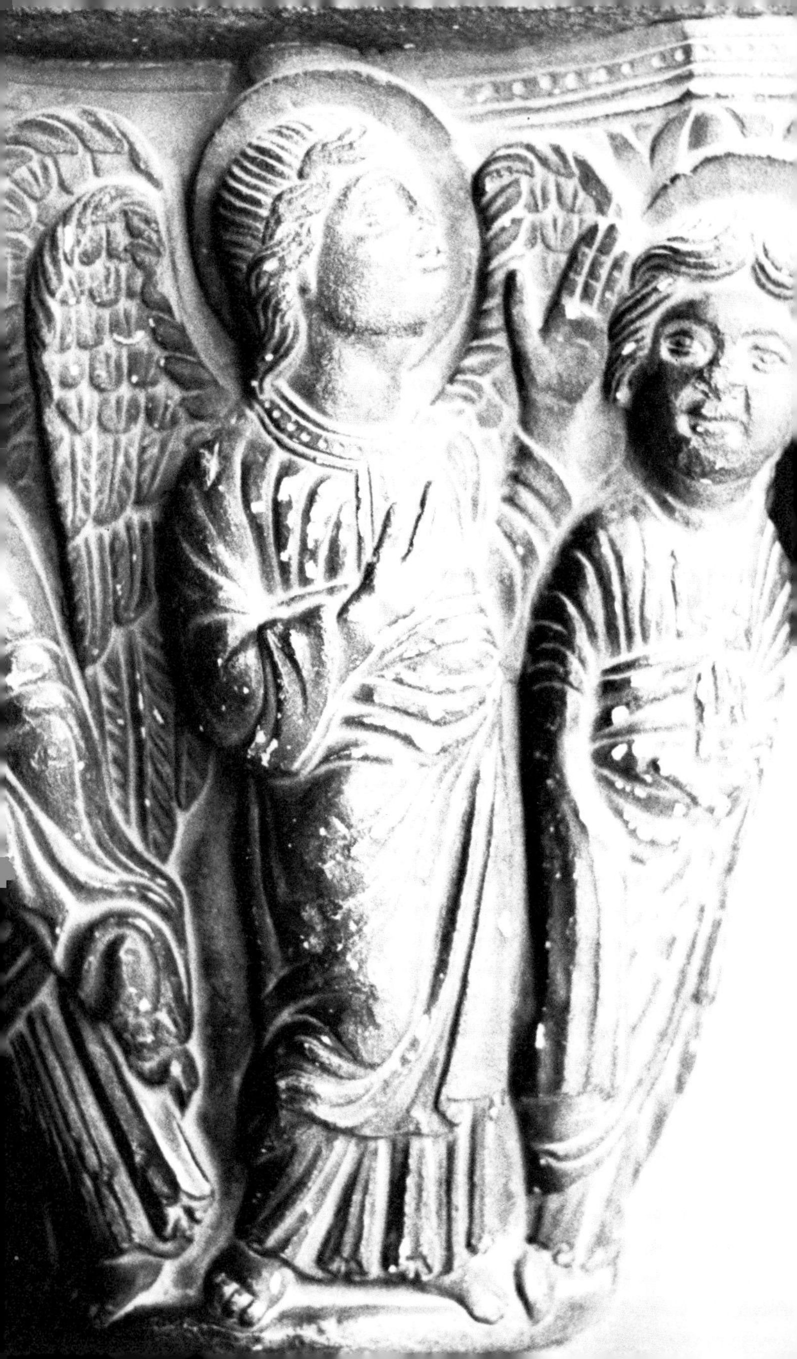

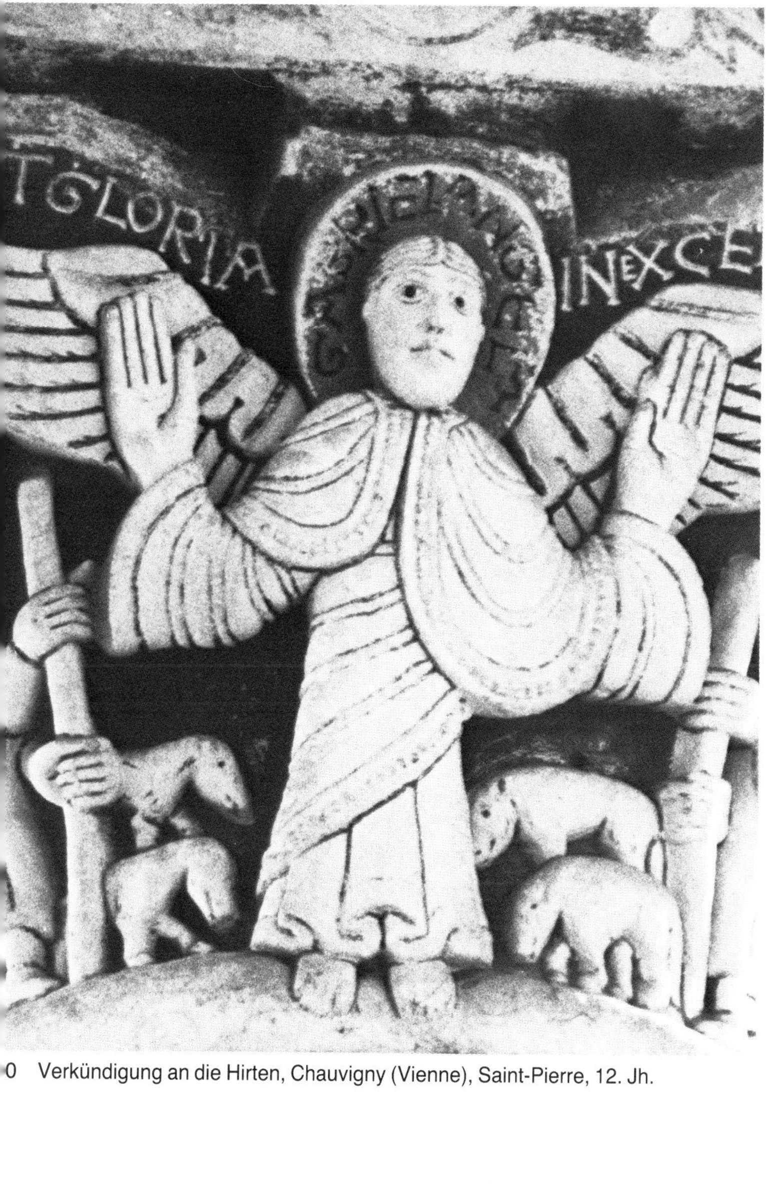

0 Verkündigung an die Hirten, Chauvigny (Vienne), Saint-Pierre, 12. Jh.

]

Gabriel: Verkündigung an die Hirten, Arles (Bouches-du-Rhône), Saint-Trophime, Kreuzgang, Mitte 12. Jh.

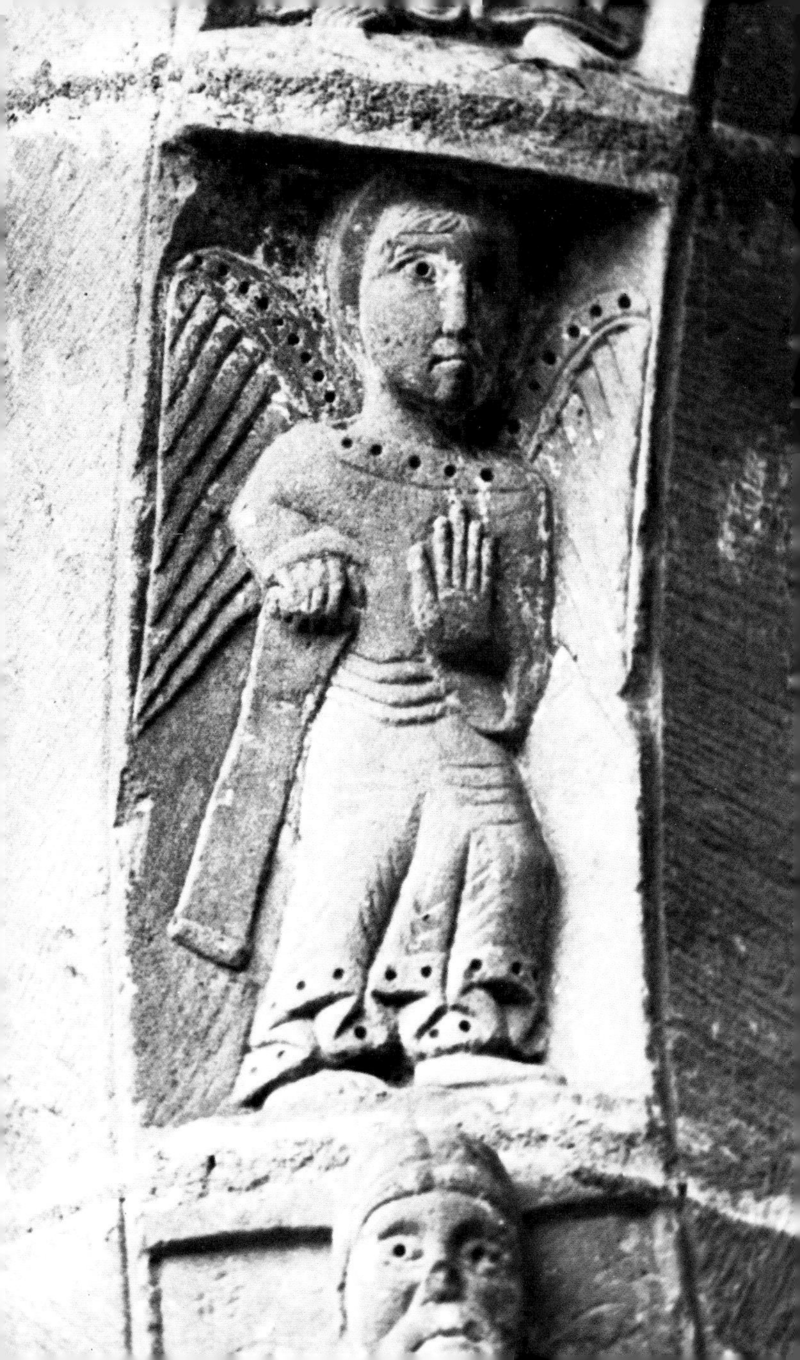

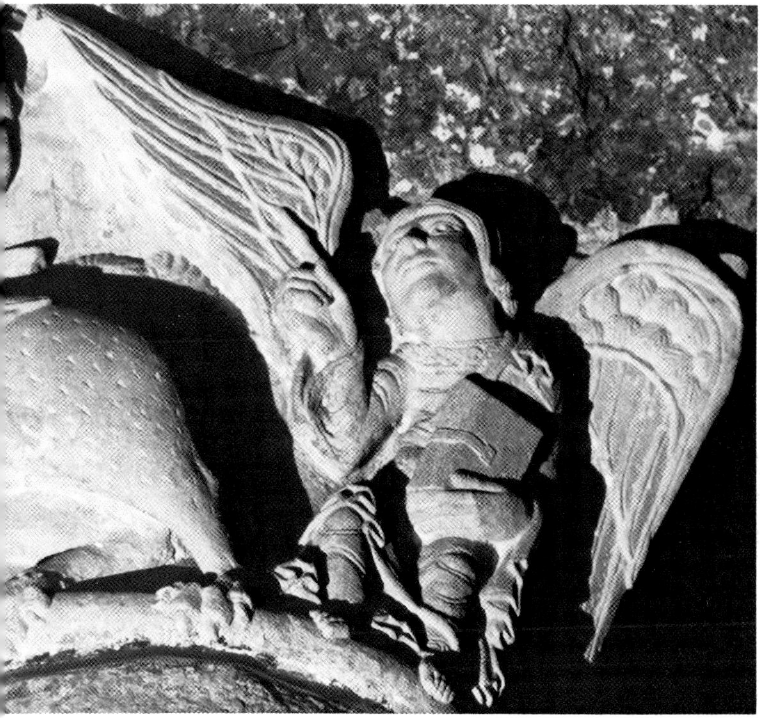

2 Engel mit Heiliger Schrift, Saillac (Corrèze)

1 Engel mit Heilssymbolen, Espalion (Aveyron), Saint-Hilarien, 11. Jh.

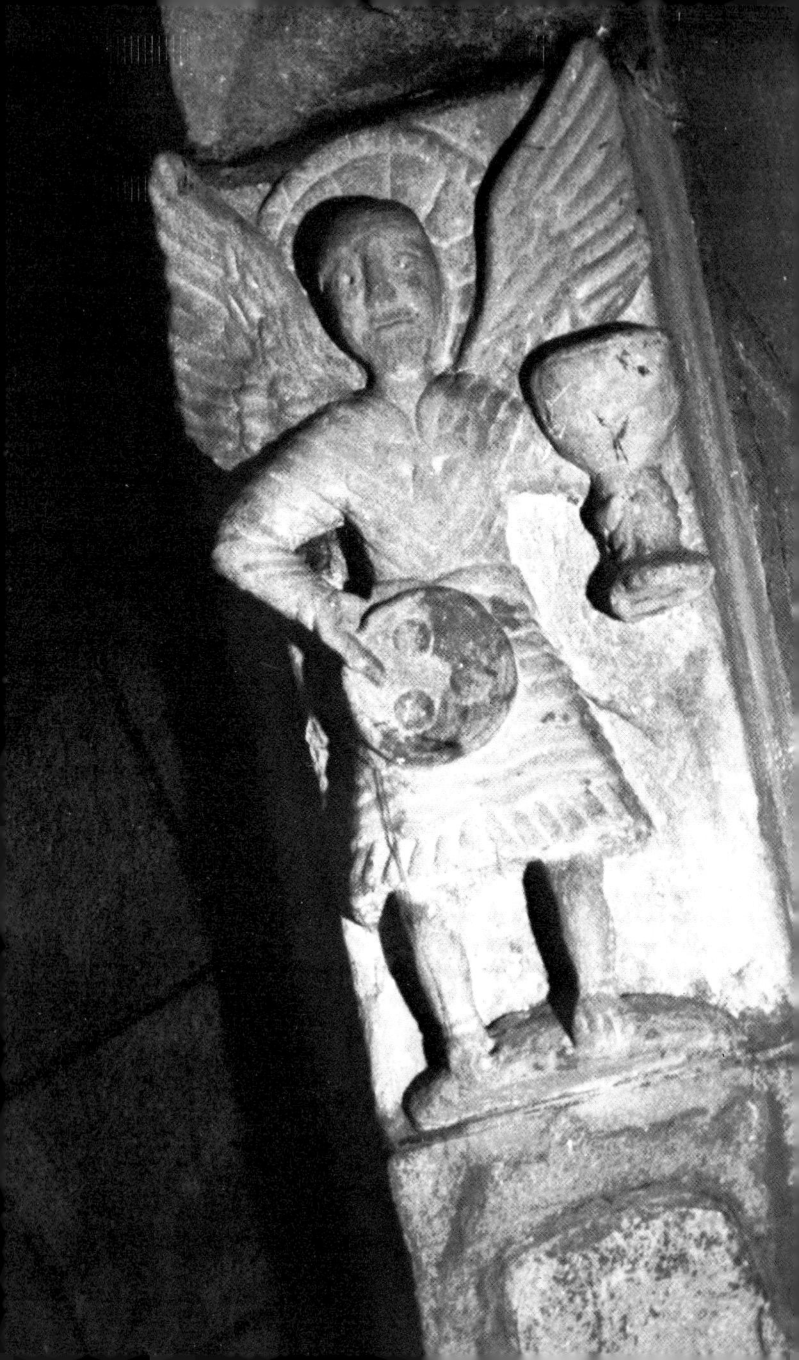

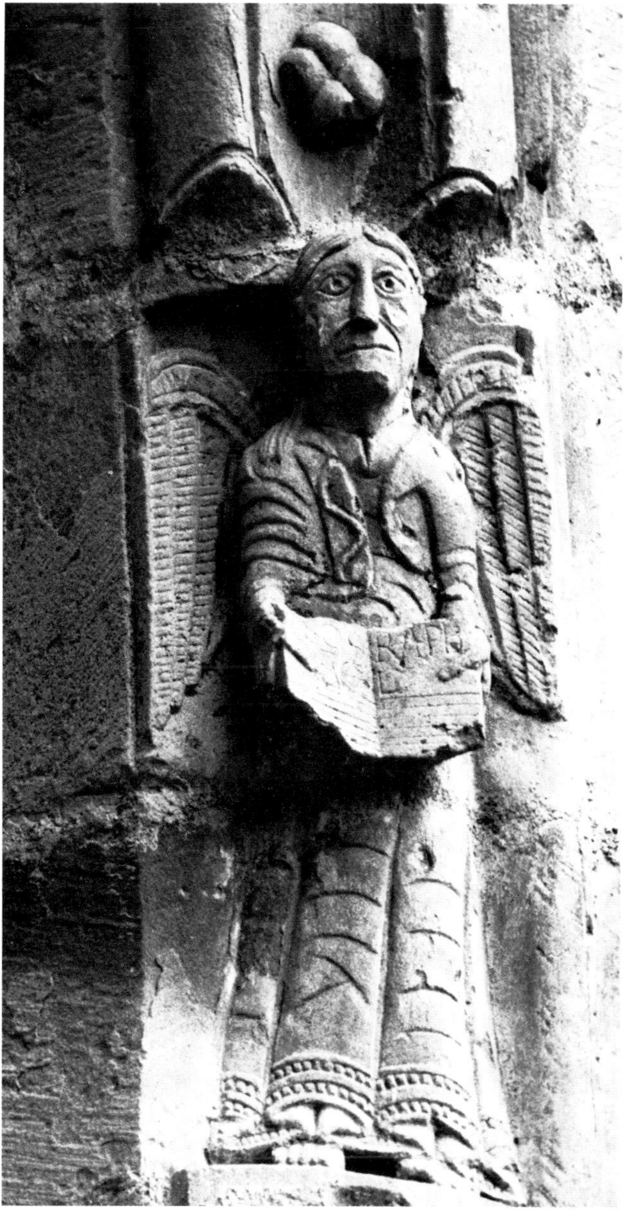

14 Engel mit Schrifttafel, Espalion (Aveyron), Saint-Hilarien, 11. Jh.

◁ 13 Engel mit Heilssymbolen, Saint-Pierre-Toirac (Lot), 11. Jh.

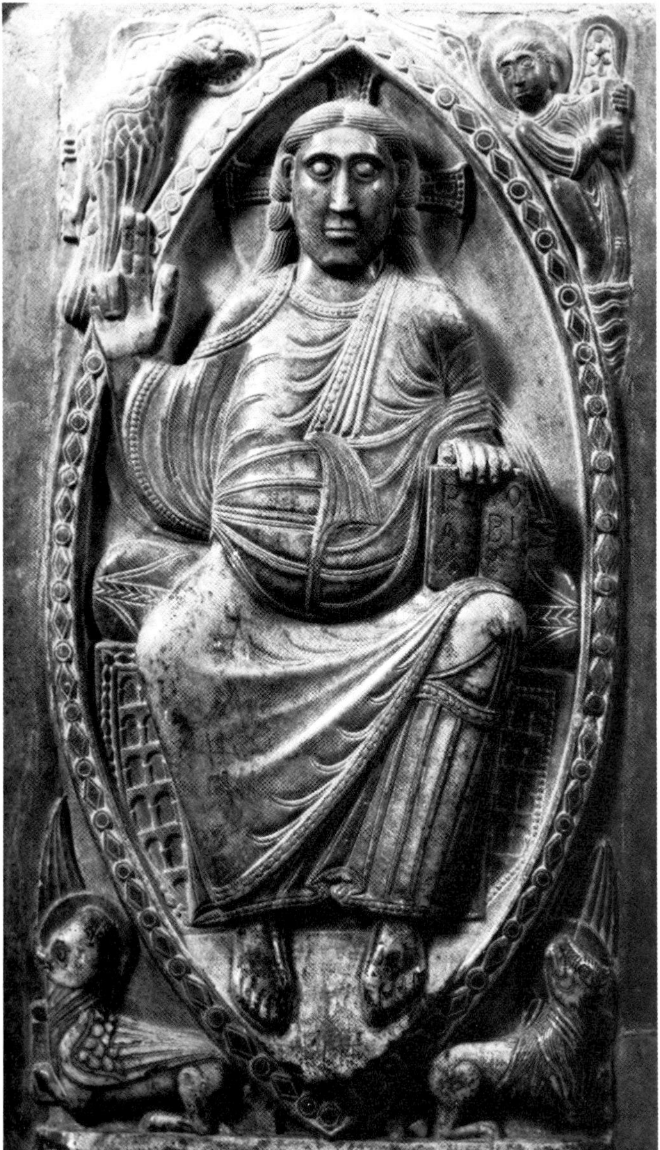

15 Christus in der Mandorla mit Tetramorph, Toulouse (Haute-Garonne), Saint-Sernin, Ende 11. Jh.

16 Kopf des Matthäus-Engels, Aix-en-Provence (Bouches-du-Rhône), ▷ Saint-Sauveur, Kreuzgang, Ende 12. Jh.

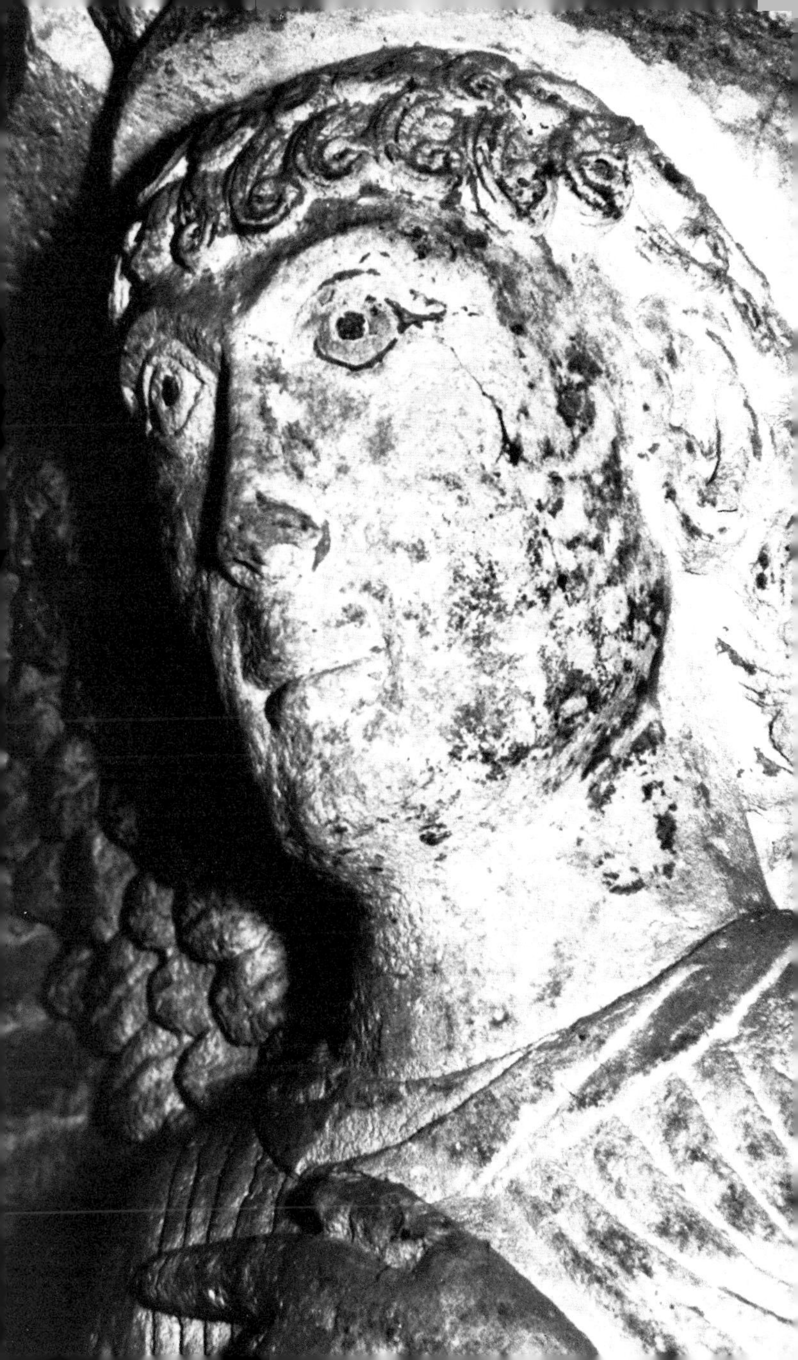

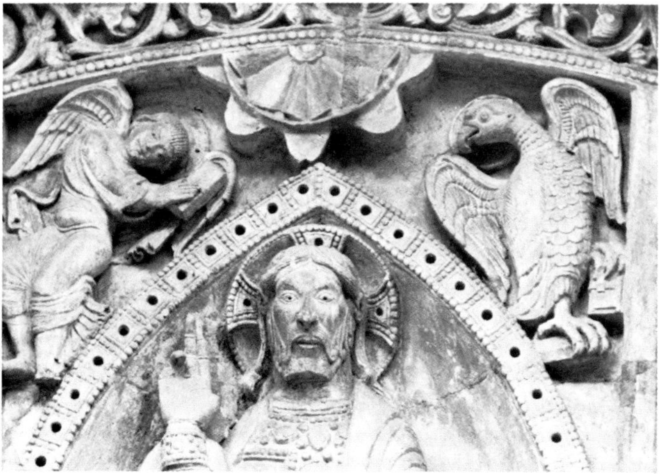

17 Engel als Matthäus-Symbol, Carennac (Lot), Tympanon, 12. Jh.

18 Engel am Grab Christi, Autun (Saône-et-Loire), Saint-Lazare, erste Hälfte 12. Jh.

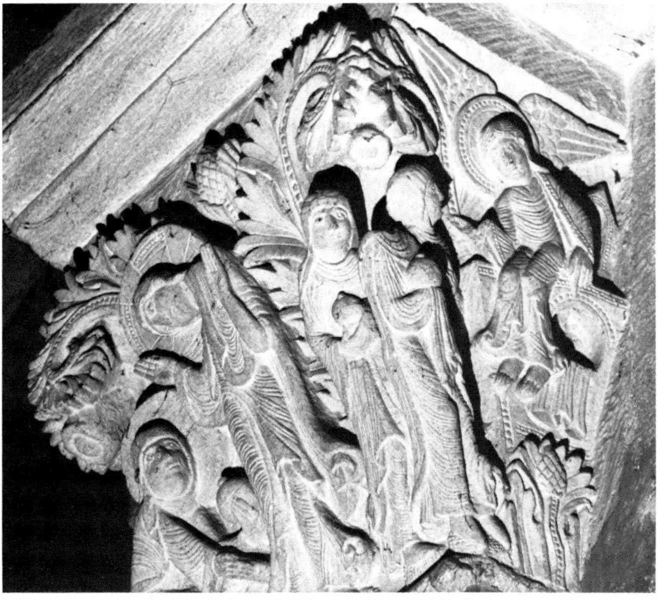

19 Engel am Grab Christi, Saulieu (Côte-d'Or), Saint-Andoche, erste Hälfte 12. Jh. ▷

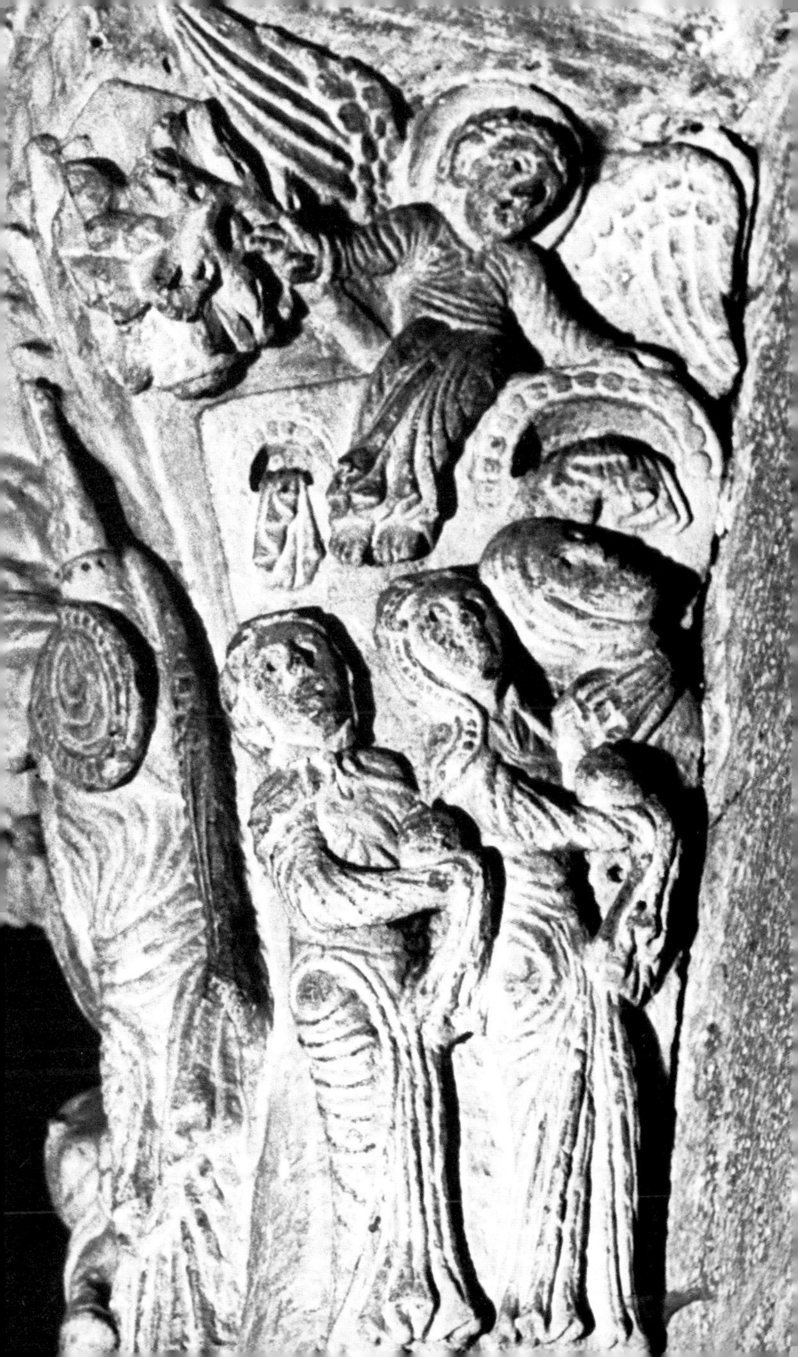

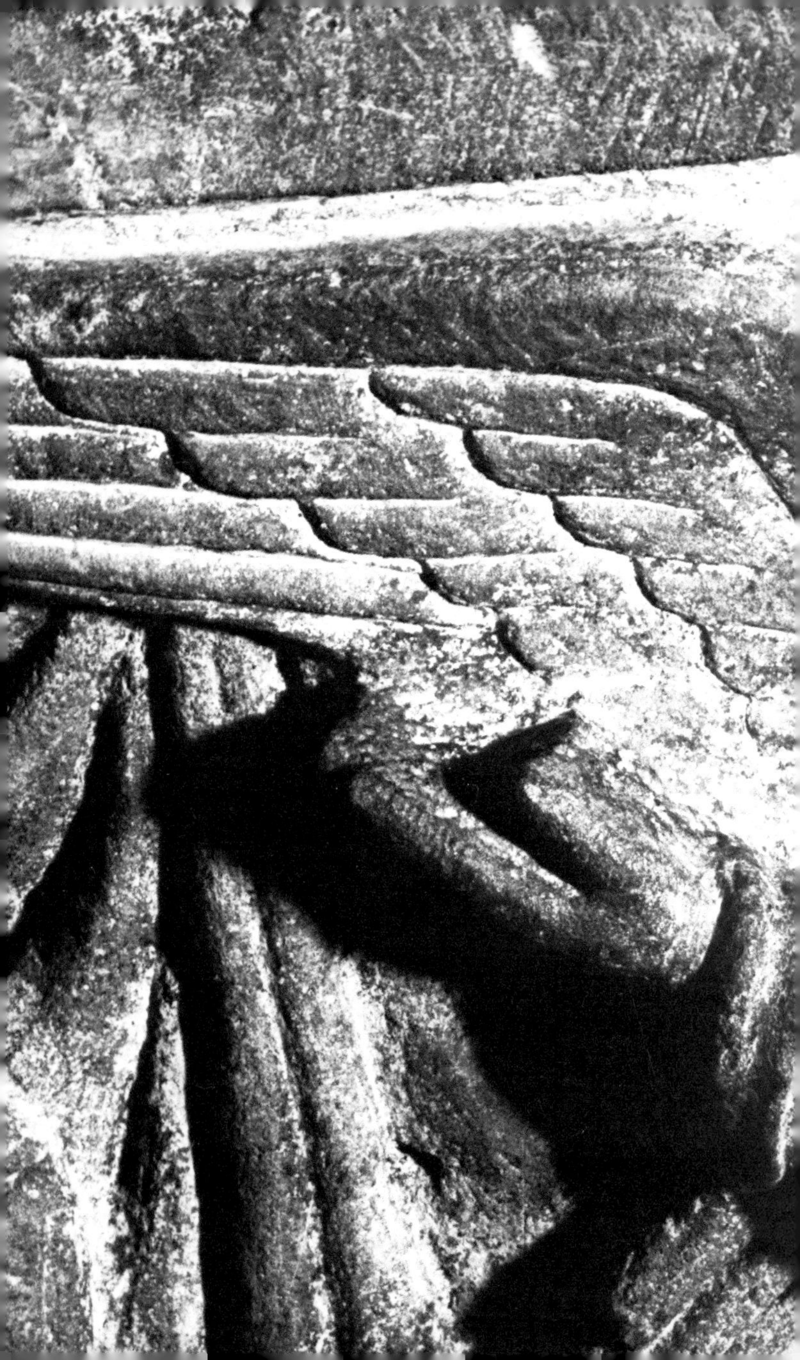

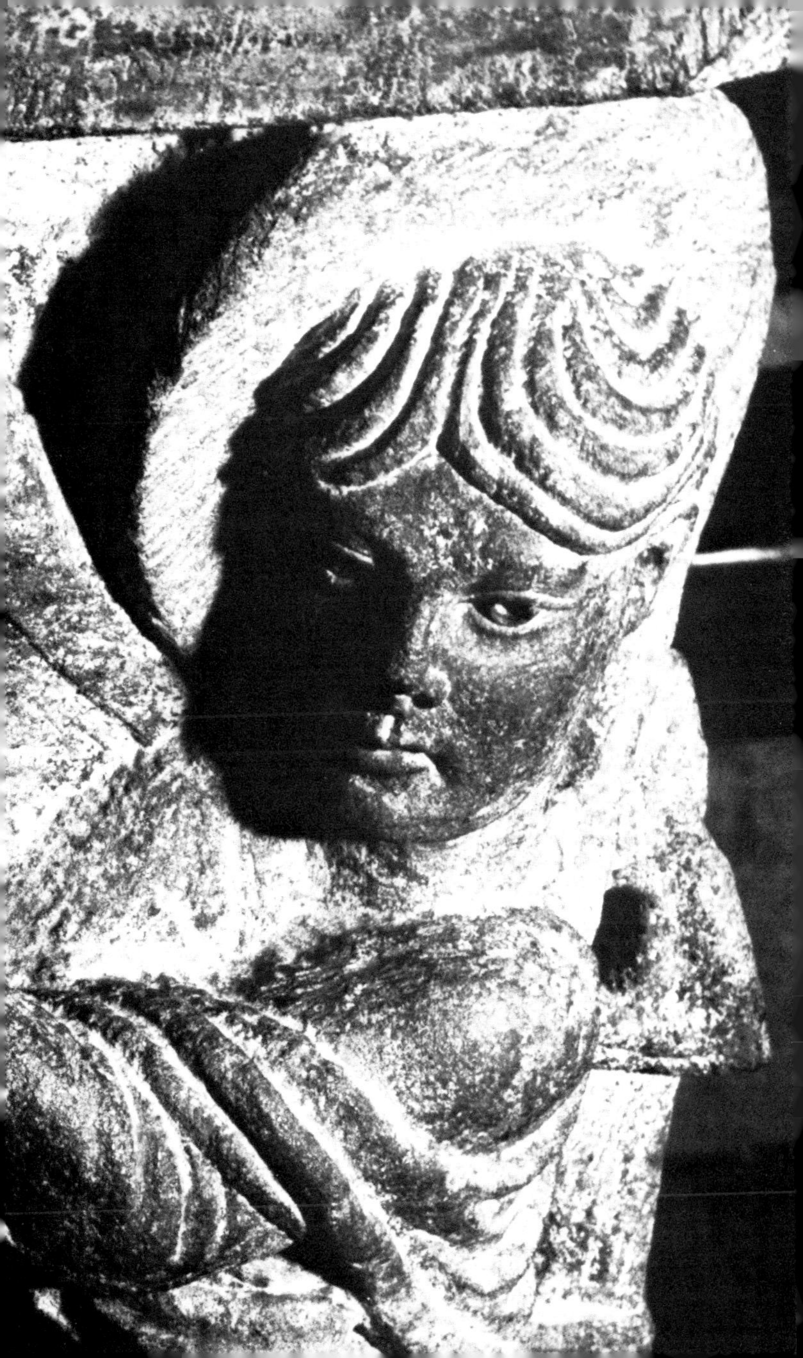

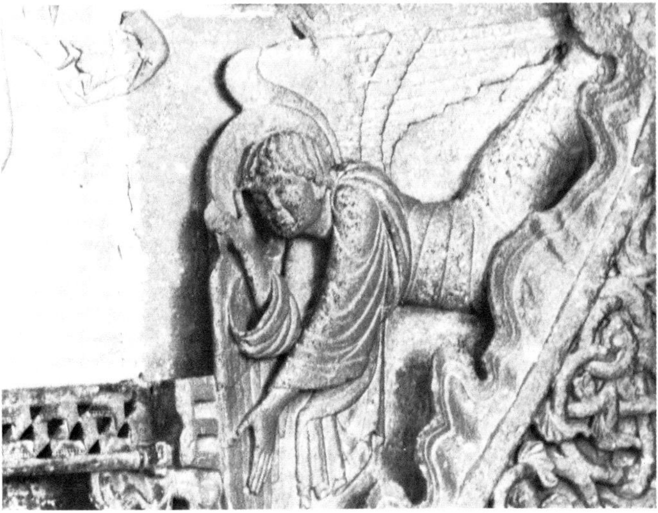

21 Engel als Verkünder, Cahors (Lot), Tympanon des Nordportals, um 1135

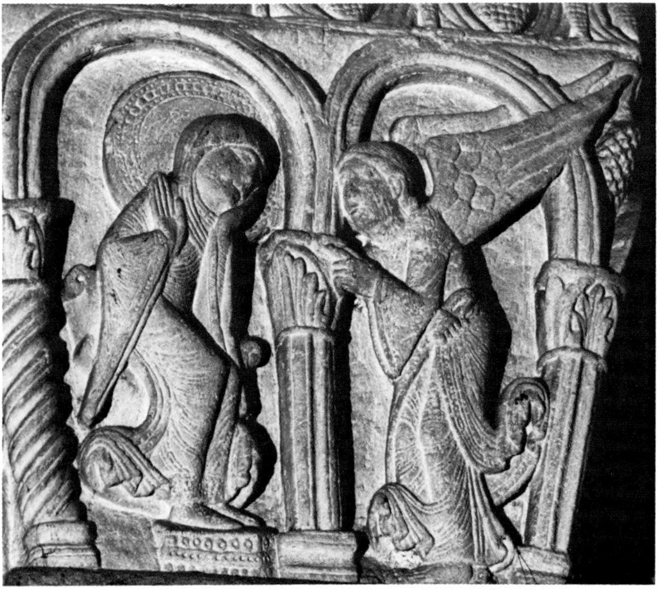

22 Verkündigung an Anna, Autun (Saône-et-Loire), Saint-Lazare, erste Hälfte 12. Jh.

◁ 20 Engel der Auferstehung, Mozac (Puy-de-Dôme), 12. Jh.

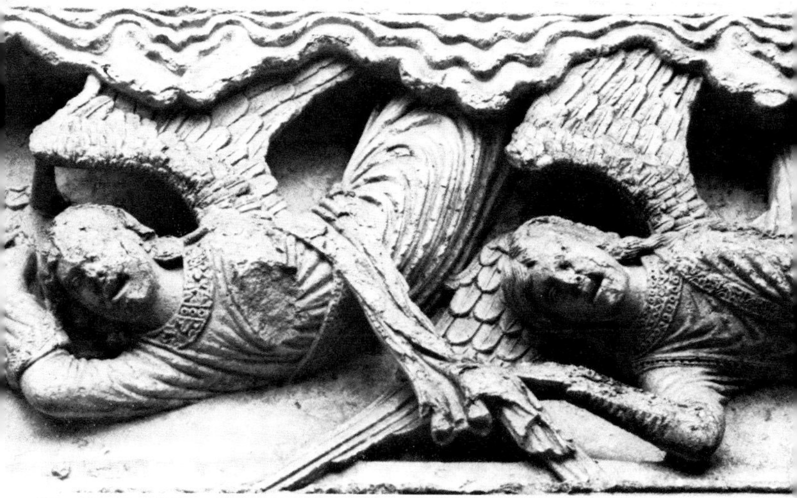

23 Engel erklären die Himmelfahrt Christi, Chartres (Eure-et-Loir), Westportal, Mitte 12. Jh.

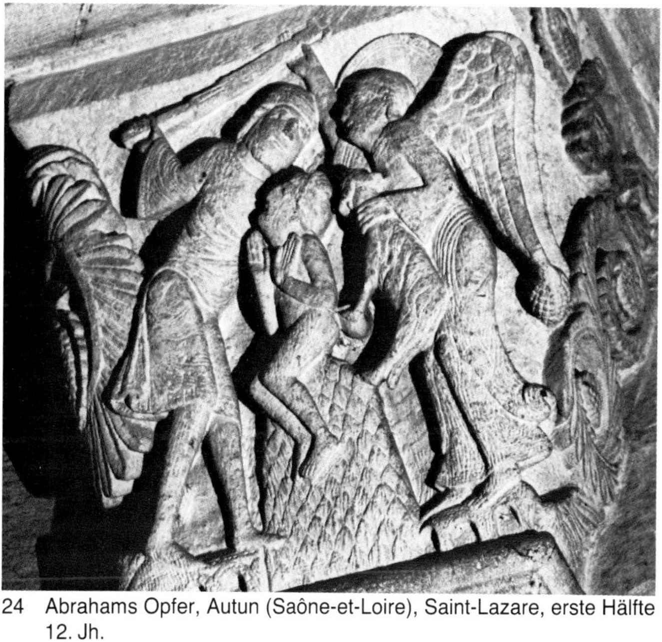

24 Abrahams Opfer, Autun (Saône-et-Loire), Saint-Lazare, erste Hälfte 12. Jh.

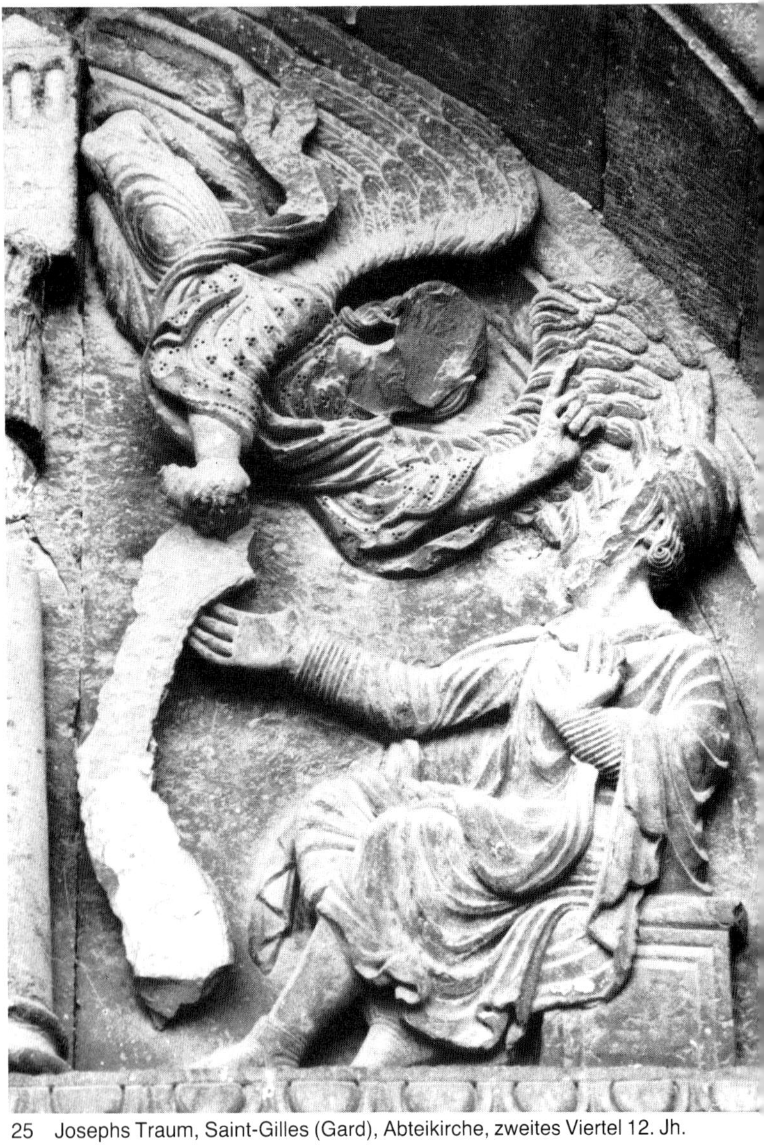

25 Josephs Traum, Saint-Gilles (Gard), Abteikirche, zweites Viertel 12. Jh.

26 Bileams Esel scheut vor dem Engel, Saulieu (Côte-d'Or), Saint-Andoche, erste Hälfte 12. Jh.

▷

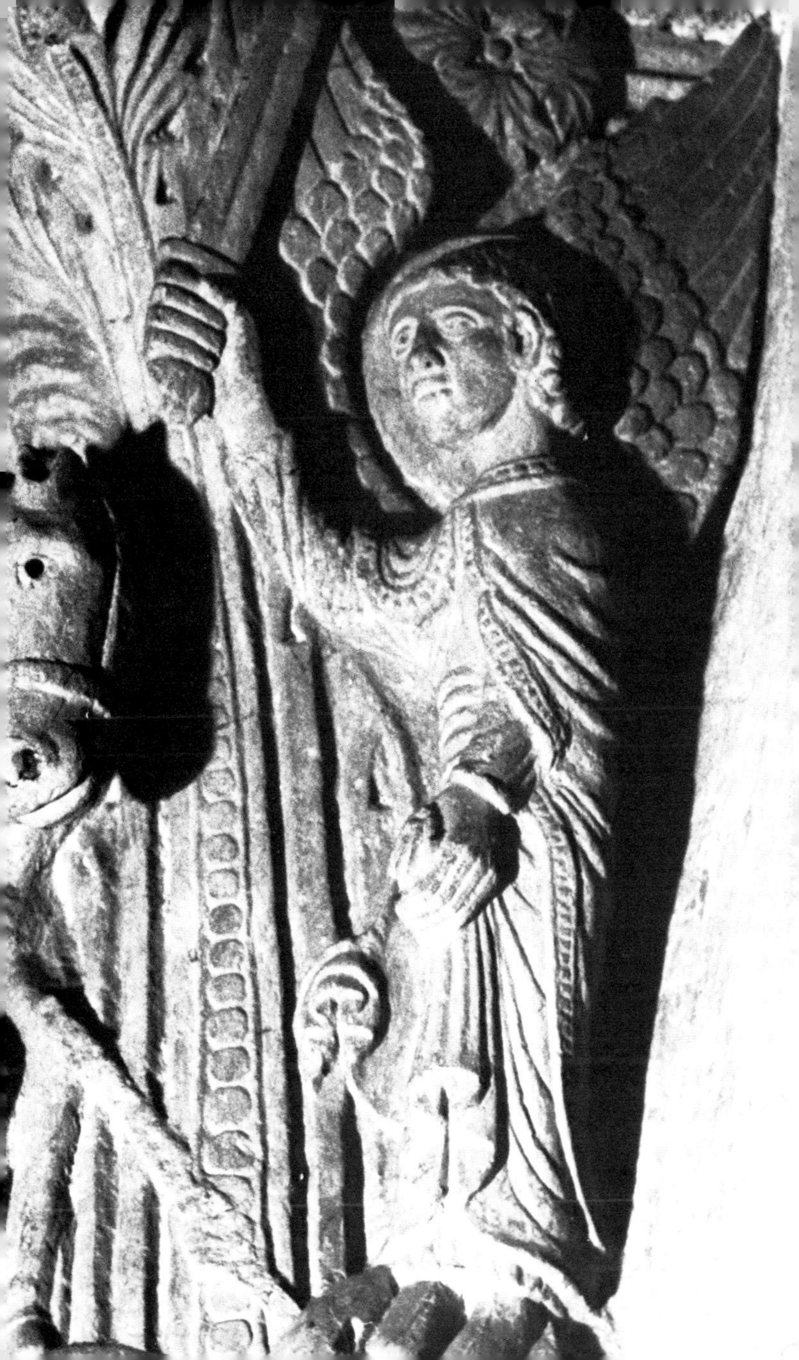

Die Engel

Im Alten wie im Neuen Testament wird von Engeln gesprochen, die zwischen dem Schöpfer und den Menschen vermitteln und ihnen Botschaften und Befehle Gottes bringen. Das griechische Wort für Engel hat die Bedeutung von ›Bote‹ ebenso wie das lateinische ›Angelus‹. Niemals haben die Engel Eigenfunktion, stets sind sie Dienende, Ausführende, Geistwesen, eingeordnet zwischen Himmel und Erde und beide miteinander verbindend. Luther hat den Engel, der den nächtlichen Kampf mit Jakob führte, als »Mann« bezeichnet (Abb. 53); als übergroß wird auch sonst jeder Engel gedacht, dazu als »mit Licht bekleidet«, also niemals nackt, jedoch Helligkeit ausstrahlend und geflügelt. (Geflügelt allerdings erst seit dem 4. Jh. n. Chr.). Überirdisches geht von ihm aus, männliche Majestät, nichts Weibliches. Er ist körperlos, also auch geschlechtslos, ein Geistwesen eben, einer höheren Welt als der menschlichen angehörig. So wenigstens sahen ihn die Jahrhunderte des frühen Mittelalters, in Saulieu und Vézelay, gütig, helfend, doch auch nicht ohne Strenge (Abb. 19, 26, 51).

Weibliche Züge blieben einer viel späteren, unfrommen Epoche vorbehalten, die dann sogar den Kinderengel, den verspielten ›putto‹, den die Bibel nicht kennt, als liebenswürdiges Dekorationsdetail erfand.

Den ›Boten‹, der den Menschen und auch Göttern und Halbgöttern Nachricht brachte, konnten auch ältere und fremde Religionen nicht entbehren. Er war in schriftlosen Zeiten von großer Bedeutung und besaß damit hohen Rang. Hermes, der Gott mit den Flügelschuhen, wird in der Odyssee von Zeus ausgesandt, um der Nymphe Kalypso den Befehl zu überbringen, daß sie Odysseus ziehen lassen und ihm zur Heimkehr verhelfen solle. Seine Flügelschuhe tragen ihn über das Meer zu ihrer Grotte. Er ist, was auch die Engel sind, als ›Hermes Psychopompos‹ der Seelengeleiter, der die Toten in den nächtlichen Hades führt, wie die Engel die Seligen in den Himmel oder in Abrahams Schoß. In Arles, an der Vorhalle von Saint-Trophime und auf einem Fries über den Arkaden am Südportal von Saint-Pierre in Moissac ist das ergreifend aus christlicher Sicht dargestellt worden (Abb. 90, 93, 94).

Ein weiterer Bezug zur griechisch-lateinischen Antike bestand in der Vorstellung, daß jeder Mensch von seinem Genius durchs Leben begleitet wird. Alttestamentlicher Glaube hielt jeden von Geburt an von zwei Engeln begleitet, einem guten und einem bösen, deren Eingebungen seine Taten zu beeinflussen suchen.

Auch Nike, die geflügelte Siegesgöttin der Antike, hat am Bild der Engel mitgeformt (vgl. Abb. 63). Vielleicht nicht ganz zufällig im Jahrhundert der Bekehrung Kaiser Konstantins zum Christentum, der seinen Sieg an der Milvischen Brücke (312) der Kraft des Christengottes über die heidnischen Götter zuschrieb. Hier deckt sich das Bild der heidnischen geflügelten Siegesgöttin eigentümlich mit den himmlischen Siegesboten, die dem noch zwischen zwei Religionen schwankenden Kaiser zur Hilfe herbeieilen.

Die ersten Jahrhunderte des Christentums waren, wie schon erwähnt, reich an theoretischen Erörterungen über den Staat der göttlichen Majestät und seine hierarchische Ordnung. So suchte z. B. Maximus von Tyrus, der um 155 n. Chr. in Rom lebte, das Dasein von Dämonen dadurch zu beweisen, daß er die Meinung vertrat, weil in der Welt alle Dinge eine Stufenleiter aufwärts bildeten, müßten auch zwischen der Gottheit und den Menschen Dämonen eingeordnet sein. In diesem Fall haben wir ›Dämonen‹ nicht unbedingt im negativen Sinn zu verstehen; denn er schrieb folgendes: »Dies sind die, welche den Menschen erscheinen und zu ihnen reden und mitten unter ihnen verkehren und ihnen die Hilfe leisten, deren die menschliche Natur von den Göttern bedarf... Sie heilen Krankheiten, geben ihnen Rat in der Not, verkünden das Verborgene, sind Helfer bei der Arbeit, Geleiter auf dem Wege; die einen walten in den Städten; die anderen auf den Fluren, diese zu Lande, jene auf dem Meere; andere als Schutzgeister einzelner Menschen; die einen schrecklich, die anderen menschenfreundlich, dem bürgerlichen Leben oder dem Kriege zugewandt: so viele Naturen der Menschen, so viele gibt es auch der Dämonen.« (Ludwig Friedländer, Sittengeschichte Roms, Bd. 3, S. 126).

Hier scheint, rund zweihundert Jahre bevor das Christentum Staatsreligion wurde, die Vorstellung vom Wirken der Engel, einschließlich dem der gefallenen, also zu Teufeln gewordenen, unter der Vokabel ›Dämonen‹ schon bindend vorformuliert, wobei gerade diese Bezeichnung möglicherweise nur aus Vorsicht gebraucht wurde, um weder eine heidnische noch eine des verbotenen Christentums zu gebrauchen. Daß Maximus, der aus dem kleinasiatischen Tyrus stammte, als Eklektiker gilt, also als ein Mann, der seine Glaubenslehre aus verschiedenen Religionen zusammensetzte, läßt jedenfalls darauf schließen, daß seine Vorstellung von den Dämonen beziehungsweise Engeln, wie die der Juden, durch sehr viel ältere und auch von weither übernommene Überlieferungen beeinflußt wurde.

Schilderungen wie die des Maximus von Tyrus legen den Gedanken nahe, Engel in Situationen der Not um Hilfe anzurufen. An ihre Stelle als Helfer sind im Laufe der Jahrhunderte die Heiligen der Kirche getreten, die Märtyrer zuerst, die, mit der Märtyrerkrone gekrönt, in der Nähe Gottes weilen dürfen und die man als Vermittler zu ihm glaubt ansprechen zu können; in späterer Zeit auch andere, deren ›heiligmäßiges‹ Leben vorbildlich gewirkt hatte und denen oft auch

Wunder zu ihren Lebzeiten zugeschrieben wurden. Diese durch ihre Frömmigkeit und ihr selbstloses Leben Ausgezeichneten übernahmen in der Vorstellung der Gläubigen mehr und mehr die Nothelferrolle der Engel.

Unverändert jedoch blieb es Aufgabe der Engel, Gott zu lobpreisen, Seelen gen Himmel zu tragen (Abb. 90ff.), zum Guten zu leiten, vor Bösem zu warnen, aber auch zu strafen (Abb. 48).

Die Lobpreisung des Göttlichen ist freilich eine ihrer bedeutendsten Aufgaben. Immer wieder sehen wir sie huldigend, Christus oder Gottvater kniend dienen wie im burgundischen Montceaux-l'Etoile (Abb. 73) und in Paray-le-Monial, in Anzy-le-Duc oder in Cahors (Abb. 74).

In den Jahrhunderten, von denen hier die Rede ist, werden oft Engel bei Sterbenden dargestellt. Sie empfangen die aus dem Munde des Toten aufsteigende Seele, um sie gen Himmel zu tragen, wenn es sich um die Gottesmutter oder Heilige handelt (Abb. 90ff.), und sie kämpfen mit Teufeln um die menschliche Seele, die diese hinab in die Hölle ziehen wollen, wie es in höchster Meisterschaft im Tympanon der Kathedrale Saint-Lazare in Autun dargestellt ist (Abb. 37).

Das entspricht ganz alter jüdischer Überlieferung. Im ›Born Judas‹, Bd. 2, wird immer wieder vom Todesengel gesprochen: »Es heißt vom Todesengel, daß seine Länge von einem Ende der Welt bis zum anderen reiche. Von der Fußsohle bis zum Scheitel ist er voller Augen; sein Gewand und seine Hülle sind eitel Feuer, und er selbst ist Feuer für und für; in der Hand hält er das Messer, und daran hängt ein Tropfen Galle; dieser bringt den Menschen den Tod, dieser bringt dem Leib die Verwesung, dieser läßt das Antlitz grün werden.«

Der Todesengel erfüllt also eine der wesentlichen Aufgaben der Engel. Sie sind Vollstrecker des göttlichen Willens.

Als solche dienen sie bei der Vertreibung aus dem Paradies (Abb. 31, 33), sind Hüter der Kirche (Abb. 85), blasen die Posaunen zum Jüngsten Gericht (Abb. 40 ff.) und geleiten die Seligen ins himmlische Reich (Abb. 90 ff.).

Zu ihnen betet man nicht. Sie stehen über den Menschen auf der Stufenleiter zu Gott, aber sie verbinden die Menschen mit ihm.

Der Erzengel Michael

Obwohl Pseudo-Dionysius Areopagita (um 500) den Erzengeln keinen sehr hohen Rang, sondern einen den Menschen nahen eingeräumt hat, haben diese gerade dem hl. Michael besonders hohe Verehrung gewidmet und ihm zahllose Heiligtümer in Europa, sowohl im Osten wie im Westen, errichtet. Nicht Cherubim und Seraphim, die den Höchsten unaufhörlich lobpreisend umschweben, riefen sie um Hilfe an, sondern den sieghaften Michael (Abb. 30). Er wurde für sie zum »Führer der himmlischen Heerscharen«, zum »Engel der christlichen Völker« (Origines), und auf ihn wurden Kulte der alten Göttergestalten übertragen. Auf dem Konzil in Mainz 813 ist sein Festtag auf Wunsch Ludwigs des Frommen auf den Herbstanfang (29. September, den Gedächtnistag der Einweihung der Michaelskirche in Rom im Jahre 493), verlegt worden, in die Woche, in der ursprünglich Wotan verehrt wurde.

Auch in anderen Ländern nahm er die Kulte älterer Gottheiten in den seinen auf. Er wurde zum »Höchsten in der Himmelsburg«, wehrhaft, wie es den Zeitläuften entsprach, ein strahlender Ritter im schneeweißen Engelsgewand, der für das Gute kämpft und das Böse in Drachengestalt besiegt (Abb. 27). Sein Name, der, aus dem Hebräischen übersetzt, ›Wer ist wie Gott?‹ bedeutet, enthält schon die Kriegserklärung an Luzifer, der es wagte, sich gegen Gott zu erheben, und enthält auch den Sieg über den Abtrünnigen und sein Gefolge. Es konnte nicht ausbleiben, daß dieser kämpferische, lichtstrahlende Erzengel, den man mit ritterlichen Waffen ausrüstete, zum Vorbild der Männer wurde, die in den Jahrhunderten der Kreuzzüge zum Kampf gegen die Ungläubigen auszogen.

Bereits 491 wurde ihm auf dem Monte Gargano in Apulien das erste bedeutende Heiligtum in Westeuropa errichtet. Und bald zogen sich die Michael-Heiligtümer quer durch Europa bis hin zum Mont-Saint-Michel in der Normandie, fast alle wie dies erste auf Höhen gelegen. Der keltische Name des Inselfelsens am Ärmelkanal zeigt, daß der Erzengel auch die Rolle des antiken Seelenführers, des Hermes Psychopompos, übernahm: Zur Römerzeit hieß er ›mons tumbae‹ (Berg des Grabes), weil man glaubte, ein unsichtbarer Nachen setze hier bei Flut die Toten ins Jenseits über. Die Kultstätte war damit auch für die christlichen Jahrhunderte gegeben. Die Gründung des Heiligtums auf dem Mont-Saint-Michel geht auf die von San Gargano in Süditalien zurück: im Jahre 708 soll dem hl. Aubert, Bischof von Avranches, der Erzengel erschienen sein und ihn zum Bau einer Andachtsstätte auf dem ehemals keltischen Totenfelsen aufgefordert haben. Der Kult von Saint-Michel wurde vom hl. Aubert von San Gargano übernommen, die Reliquien kamen ebenfalls dort her.

Friedhofskapellen und das Westwerk der Kirchen sind immer häufiger dem ›Todankündiger‹ St. Michael geweiht worden oder zeigten sein Bild, wiesen also auch dadurch auf seinen Bezug zum Totenkult und Jüngsten Gericht hin, auch dort, wo sie ihn nicht als Seelenführer zeigten.

Im Gegensatz zu der Vielzahl der anderen Engel kamen ihm in der Vorstellung des frühen Mittelalters Aufgaben zu, die ihn nicht nur als Vollzieher göttlicher Aufträge zeigen, sondern ihm eine gewisse Selbständigkeit des Handelns zuschreiben. Er ist es, der die sündig gewordenen Menschen aus dem Paradies vertreibt und mit dem Flammenschwert Wache davor hält (Abb. 31–33). Und er ist es auch – ein aus dem alten Ägypten des 3.–2. Jahrhunderts v. Chr. im Totengericht des Osiris von dem schakalköpfigen Totengott Anubis übernommenes Motiv –, der die Seelen auf seiner Waage wiegt und damit ihr Schicksal für die Ewigkeit bestimmt.

Mag sich, wie es mehrfach in romanischer Zeit dargestellt wird, auch ein Teufel mit tierischer Fratze und Krallenhänden beschwerend an die Waagschale hängen, Sankt Michael entscheidet, ob den Gewogenen seine guten Taten in den Himmel und in Abrahams Schoß oder seine schlechten in die Hölle verweisen (Abb. 36ff.).

Er hat Macht, dieser Erzengel, und im Kampf gegen das Böse, für das Schlange und Drache Symbol sind, bleibt er, wie ein Kreuzritter mit Schwert und Lanze bewaffnet (Abb. 32), Sieger, stets ins Lichtgewand gekleidet.

So genügt es, ihn als Drachentöter ins Tympanon über den Eingang eines Gotteshauses zu setzen (Abb. 27), um das Teuflische von dem heiligen Ort zu bannen.

Im Streit mit Luzifer, dem Widersacher Gottes, und seinen Scharen, von dem noch die Rede sein wird, wächst Michaels Gestalt zum kosmischen Heilsbringer. In der Offenbarung des Johannes 12, 7–9, heißt es nach der Luther-Übersetzung:

»Und es erhob sich ein Streit im Himmel: Michael und seine Engel stritten mit dem Drachen; und der Drache stritt und seine Engel, und siegten nicht, auch ward ihre Stätte nicht mehr gefunden im Himmel. Und es ward ausgeworfen der große Drache, die alte Schlange, die da heißt der Teufel und Satanas, der die ganze Welt verführet, und ward geworfen auf die Erde, und seine Engel wurden auch dahin geworfen.«

Die Symbolkraft der romanisch geprägten Jahrhunderte hat diesen Kampf in Frankreich mehr als einmal in vollendet vereinfachter, edler Form an den Kirchenportalen und Kapitellen dargestellt.

Deutlich weist auch auf Michaels Wertung als Mächtigster der himmlischen Heerschar der Umstand hin, daß seine Heiligtümer vorwiegend auf Bergen liegen und – was nicht weniger bezeichnend ist – seine Kapellen und Altäre über dem

Narthex und zwischen den Türmen der Kirche (z. B. in Tournus und Brioude). Dort – und meist in quadratischen Räumen der Westwerke (einem Sinnbild der gesamten Erde) – wurde in karolingischer Zeit die Osterliturgie gefeiert. Hier standen Christus-Altäre, die später von Michaels-Altären verdrängt wurden. Der Erzengel übernahm also die Funktion Christi als Überwinder des Todes.

Sehr häufig dürfte an so bevorzugt hochgelegenen Orten ehemals eine ältere Gottheit verehrt worden sein. Man hat vermutet, daß mancher der sturmumbrausten Berge, die in christlicher Zeit Michaelskapellen und -kirchen trugen, ehemals dem germanischen Windgott Wotan geheiligt war, dessen jährliches Fest, wie schon erwähnt, vom Sohn Karls des Großen, Ludwig, auf Michael übertragen wurde.

Enger ist wohl noch Michaels Bezug zu dem keltischen Gott Lug, dem »Gott über den Göttern«, einer Lichtgestalt von heldenhafter Erscheinung, auf deren Namen die so bedeutender Städte wie Lyon, London und Leyden zurückgehen. Jean Markale, französischer Gelehrter und bedeutender Kenner der keltischen Kultur, schreibt in seinem Buch ›Die Druiden‹, daß die gallo-römische Bevölkerung Frankreichs den mehr oder weniger an Merkur assimilierten Lug auch noch als römische Untertanen weiterhin verehrt habe, und fügt dann hinzu: »Im Zuge der Christianisierung sind zahlreiche dem Merkur geweihte Heiligtümer zu ›Monts-Saint-Michel‹ geworden …« Wie das auf dem Mont-Saint-Michel in der Normandie.

Markale übersetzt das Wort ›Lug‹ mit ›leuchtend, hell, licht‹ und nennt es daher »nicht überraschend, daß sein Kult durch den des Erzengels Michael ersetzt worden ist«. Auch Lug wurde in hochgelegenen Heiligtümern verehrt; und die Lanze des Erzengels – ist sie nicht Wotans berühmter, zauberkräftiger Speer, aber auch Lugs »grauenerregende Lanze mit dem dicken Schaft und den fünf Spitzen?«

Es gibt in der schönen Sammlung ›Der Born Judas‹ im 2. Band eine Stelle, die auf den Rang des Erzengels in der hebräischen Überlieferung hinweist: »Man sagt: Michael kommt mit einem Flügelschlag auf die Erde, Gabriel mit zwei Flügelschlägen, Elias mit vier, der Todesengel muß achtmal die Flügel schlagen, um auf die Erde zu gelangen, bricht aber eine Seuche aus, so ist er mit einem Satz da.«

Michael ist der Schutzherr des jüdischen Volkes, ist aber auch »der Engel aus Süden«, obwohl er im Westwerk der Kirchen dargestellt wird, das Bezug zu Tod und Jüngstem Gericht hat. Auf dem Monte Gargano, wo er im Jahre 490 erschienen sein soll, und am Mont-Saint-Michel, wie auch an anderen Plätzen, läßt der Bezug zu Quelle, Fluß oder Meer auch an eine vorchristliche Wassergottheit denken.

Der Erzengel Gabriel

Der hebräische Name des Erzengels Gabriel bedeutet ›Stärke Gottes‹ und rückt ihn damit in einen anderen Aufgabenbereich als den Michaels, dessen Kampfbereitschaft um die Seelen der Menschen und gegen die Dämonen schon durch seinen Namen ›Wer ist wie Gott?‹ ausgedrückt wird.

Gabriel hat den Auftrag, die Macht Gottes immer von neuem in der Welt zu verkünden. Er ist Träger seiner Botschaften an die irdischen Geschöpfe, gelegentlich auch ihr Deuter (Farbt. 3, 4, 6, 9; Abb. 3 ff.).

Der Botenstab, oft in Kreuzesform, im späteren Mittelalter auch der Lilienzweig, mit dem er Maria naht, sind seine Attribute. Im Alten Testament deutet er Joseph den Traum des Pharao, und schon im Buch Daniel, Kap. 9, 21 und 22 heißt es: »... und eben, da ich so redete in meinem Gebet, flog daher der Mann Gabriel, den ich vorhin gesehen hatte im Gesicht, und rührte mich an um die Zeit des Abendopfers. Und er unterrichtete mich und redete mit mir und sprach: ›Daniel, jetzt bin ich ausgegangen, dich zu unterrichten. Denn da du anfingst zu beten, ging dieser Befehl aus, und ich komme darum, daß ich dir's anzeige‹.« Es folgt dann die göttliche Offenbarung von siebzig Wochen bis zur Zerstörung Jerusalems. Ebenfalls im Buch Daniel, das erst 165 v. Chr. entstanden ist, wenngleich Daniel als hoher Beamter Nebukadnezars schon im 6. Jahrhundert v. Chr. gelebt hat, heißt es nach einer Vision des Propheten von der ›Zeit des Endes‹: »Und da ich, Daniel, solch Gesicht sah und hätte es gern verstanden, sieh, da stund's vor mir wie ein Mann. Und ich hörte mitten vom Ulai einen mit Menschenstimme rufen und sprechen: ›Gabriel, lege diesem das Gesicht aus, daß er's verstehe‹.«

Damit ist das Amt Gabriels als Bote und als Deuter der Botschaften Gotttes schon früh klar umrissen. Im Neuen Testament hat er den gleichen Auftrag. Im Lukas-Evangelium verkündet er dem alten Zacharias während dessen Priesterdienst am Altar die Geburt seines Sohnes Johannes des Täufers: »Es erschien ihm aber der Engel des Herrn und stund zur rechten Hand am Räucheraltar.« Auf die Frage des Zacharias, woran er die Prophezeiung als wahr erkennen solle, antwortete ihm der Engel: »Ich bin Gabriel, der vor Gott stehet, und bin gesandt, mit dir zu reden, daß ich dir solches verkündige.«

Im 26. Vers des Lukas-Evangelium heißt es dann: »Und im sechsten Monat ward der Engel Gabriel gesandt von Gott in eine Stadt in Galiläa, die heißt Nazareth, zu einer Jungfrau, die vertraut war einem Mann mit Namen Joseph ...«

Eine besonders schöne Darstellung der Verkündigung an Maria zeigt ein Kapitell aus dem frühen 12. Jahrhundert in der Kollegiatskirche Saint-Sernin in Toulouse (Abb. 3).

In der Verkündigung der Geburt Christi an die Hirten wird zwar nur vom »Engel des Herrn« gesprochen, bei dem dann die »Menge der himmlischen Heerscharen« erscheint, aber die Überlieferung hat in diesem göttlichen Boten immer den Erzengel Gabriel gesehen (Abb. 9, 10).

Den Juden galt er in seiner Eigenschaft, die Botschaft und deren Deutung zu bringen, auch als ›Fürst der Lehre‹. Sein Platz war an der Nordseite des Tempels wie der des Erzengels Michael im Westen der christlichen Kirche, obwohl dieser ›der Engel aus Süden‹ genannt wurde.

Sehr eigenartig ist die nahe Beziehung des Gabriel-Bildes zu dem des griechischen Hermes, die schon im Alten Testament deutlich spürbar ist. Insofern ist der Umstand der Entstehung des Buches Daniel im 2. Jahrhundert v. Chr., in dem die religiösen Vorstellungen der Antike auch nach Kleinasien vorgedrungen waren, wohl nicht unwichtig. Karl Kerényi schildert die Gestalt des Hermes in seinem Buch ›Antike Religion‹ folgendermaßen: »Hermes, der Sohn des Zeus und der Maia, war ein vermittelnder Geist, ein Gott der Mitte zwischen oben und unten, dem Reich der Lebenden und der Toten, ein Bote der Götter untereinander und zu den Menschen ... Er beschützt die Reisenden und die Landstreicher, führt die Seelen in die Unterwelt hinunter und kann sie wieder heraufholen. Sein Wesen ist nicht dunkel, sondern zwielichtig, äußerst männlich, doch mit der Weiblichkeit der Aphrodite so vereinbar, daß sie mit Hermes und Hermes mit ihr zu einem einzigen, zweigeschlechtlichen Wesen verschmolzen werden konnte.«

Auch dieser zuletzt erwähnte Zug entspricht ein wenig dem Engelsbild, das im Lauf der Jahrhunderte sich immer mehr vom rein Maskulinen zum fast Femininen wandelte. Andererseits war die Botengestalt während des ganzen Altertums und auch noch Jahrhunderte danach immer an die mündlich überbrachte Nachricht gebunden, was ihre Bedeutung erhöhte. Die Aufträge, die Hermes im Olymp von Zeus erhält, erinnern an die »Stimme vom Ulai herab«, die Gabriel auftrug, Daniel seine Vision zu erklären. Die Odyssee entstand gegen Ende des 8. Jahrhunderts v. Chr. (ihr Stoff wurde schon seit dem 2. Jahrtausend überliefert), und der jüdische Prophet Daniel lebte im 6. Jahrhundert v. Chr. An dessen visionärer Schau muß darum natürlich nicht gezweifelt werden. Für das jüdische Volk ist der Erzengel Gabriel immer der Verkünder der Botschaften und Befehle Gottes gewesen und als solcher auch vom antiken Hermes verschieden, da er stets nur Ausführender göttlichen Willens war, nie jedoch wie Hermes ein oft selbständig und schöpferisch Handelnder.

Im romanischen Frankreich finden wir den Erzengel Gabriel immer wieder in seiner Boteneigenschaft dargestellt (Abb. 3ff.).

Die Erzengel Raphael und Uriel

In den Jahrhunderten, von denen hier die Rede ist, wird der Erzengel Raphael in Westeuropa kaum je im Bilde dargestellt. Sein hebräischer Name bedeutet ›Gott hat geheilt‹. (Die Endung ›el‹ heißt immer ›Gott‹.)

Raphael gilt als ›Herr der heilenden ›Kräfte‹, als Teufelsaustreiber und – dies ist seine wesentlichste Aufgabe – als Schutzengel. Als solcher erscheint er in dem apokryphen Buch ›Tobias‹ dem Jüngling als fremder Reisegefährte, beschirmt und lehrt ihn, aus einer Fischleber eine Arznei für seinen blinden Vater herzustellen und scheidet schließlich mit den Worten: »Ich bin Raphael, einer von den sieben Engeln, die wir vor dem Herrn stehen ...« Im späteren Mittelalter, vor allem aber in der italienischen Renaissance, ist diese Legende von Tobias mehrfach Gegenstand von Bildern gewesen, in Frankreich dagegen scheint sie (und die Gestalt des Erzengels Raphael) wenig Interesse gefunden zu haben.

Auch der vierte der sieben Engel, Uriel, ist für unser Thema kaum von Bedeutung. Sein hebräischer Name ›Licht Gottes‹ oder ›Gott ist Licht‹ gibt auch keinen Hinweis auf ein besonderes Amt, wie es Michael, Gabriel und Raphael in der himmlischen Hierarchie innehaben. In romanischer Zeit wurde er in Frankreich selten dargestellt. Aber am südlichen Portal von Saint-Gilles in der Provence erscheint er auf dem Türsturz den drei Frauen am Grabe Christi (vgl. auch Abb. 18–20).

27–53 Engel als Vollstrecker göttlichen Willens ▷

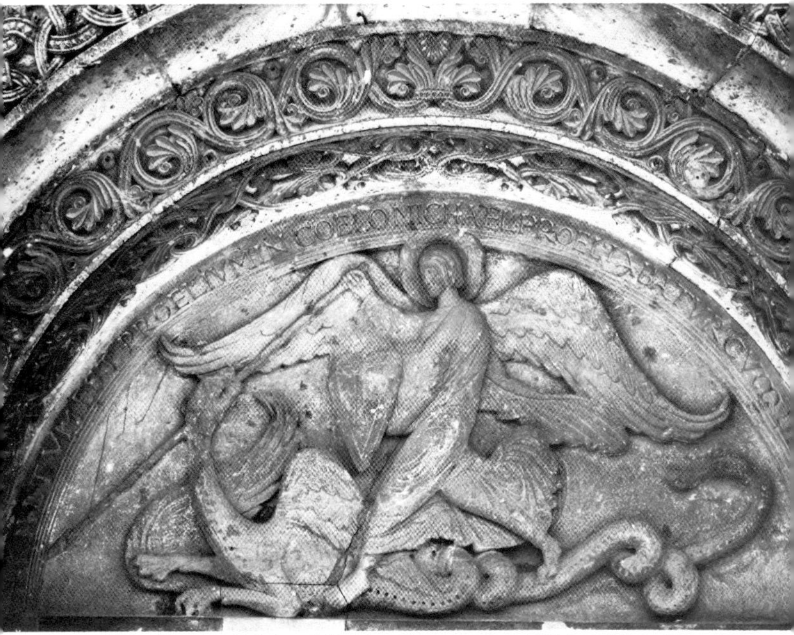

27 Erzengel Michael tötet den Drachen, Saint-Michel-d'Entraigues (Charente), Tympanon, Mitte 12. Jh.

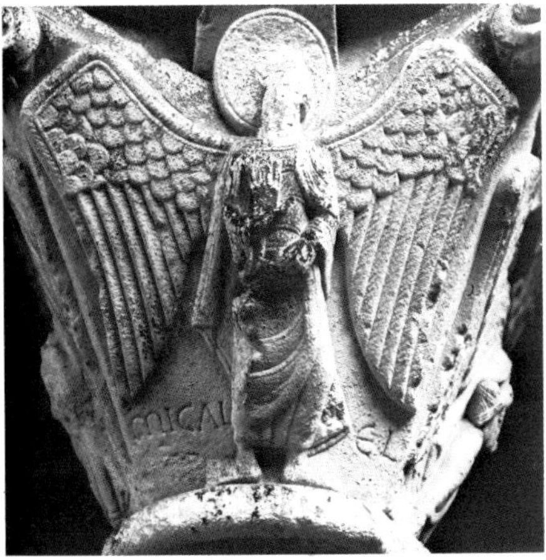

28 Michael, Moissac (Tarn-et-Garonne), Saint-Pierre, Kreuzgang, 11. Jh.

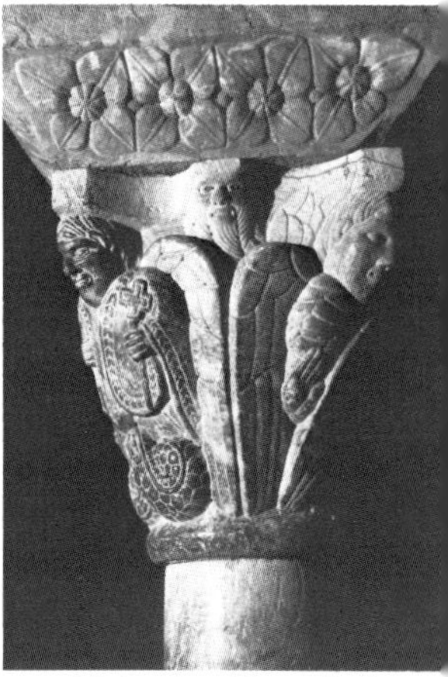

29 Michael und Seraph, Serrabone (Pyrénées-Orientales Prioratskirche, um 1150

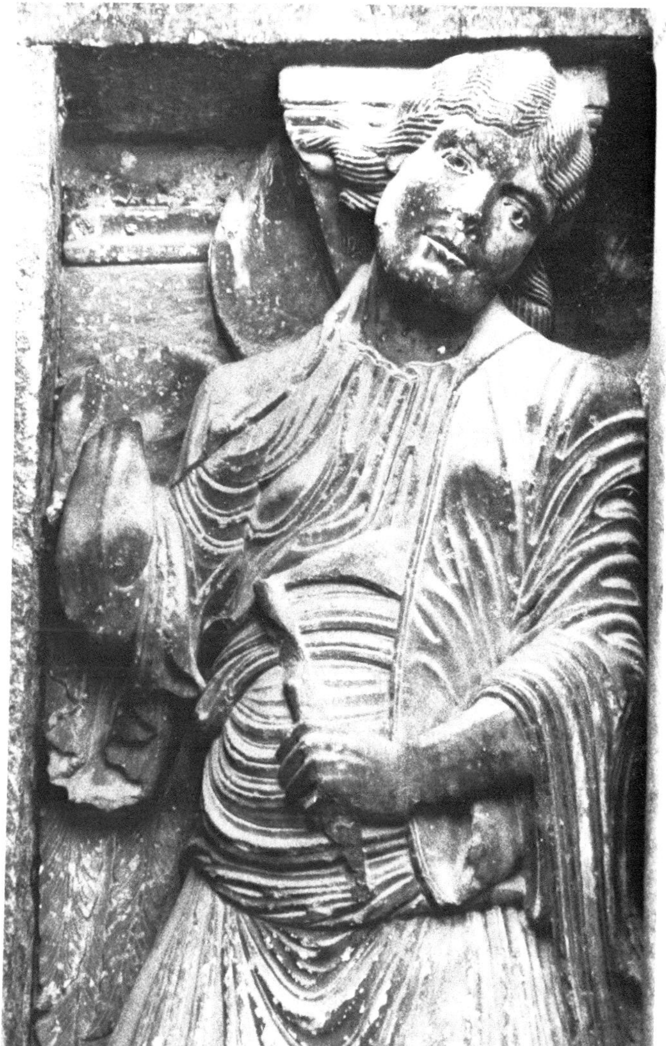

30 Drachentöter Michael, Saint-Gilles (Gard), Abteikirche, Portal, zweites Viertel 12. Jh.

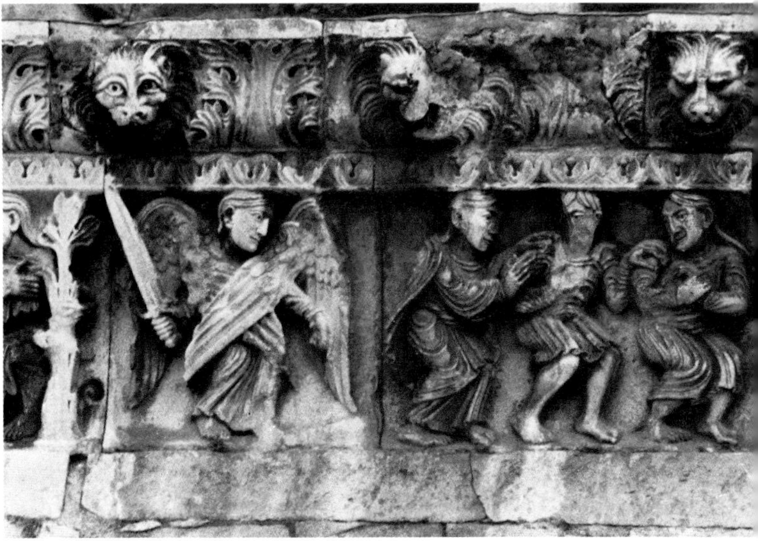

31 Michael: Vertreibung aus dem Paradies, Nîmes (Gard), Saint-Castor, zwei
Hälfte 12. Jh.

32 Michael hindert die Verdammten am Eintritt in die Paradiespforte, Arles (Bouche
du-Rhône), Saint-Trophime, Portal, letztes Drittel 12. Jh.

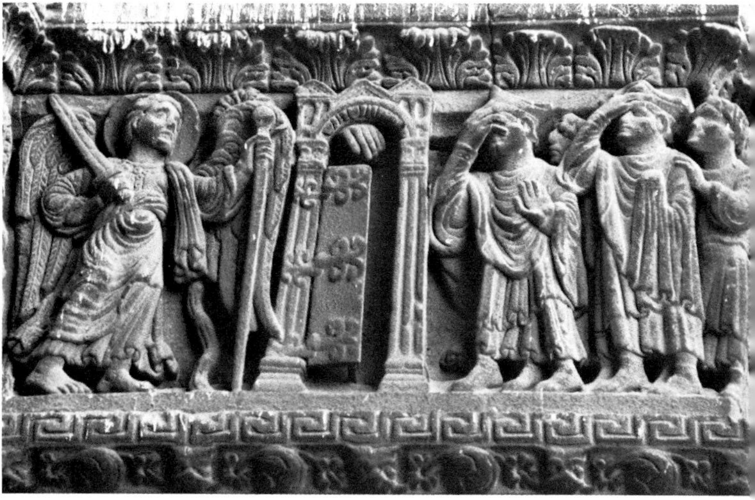

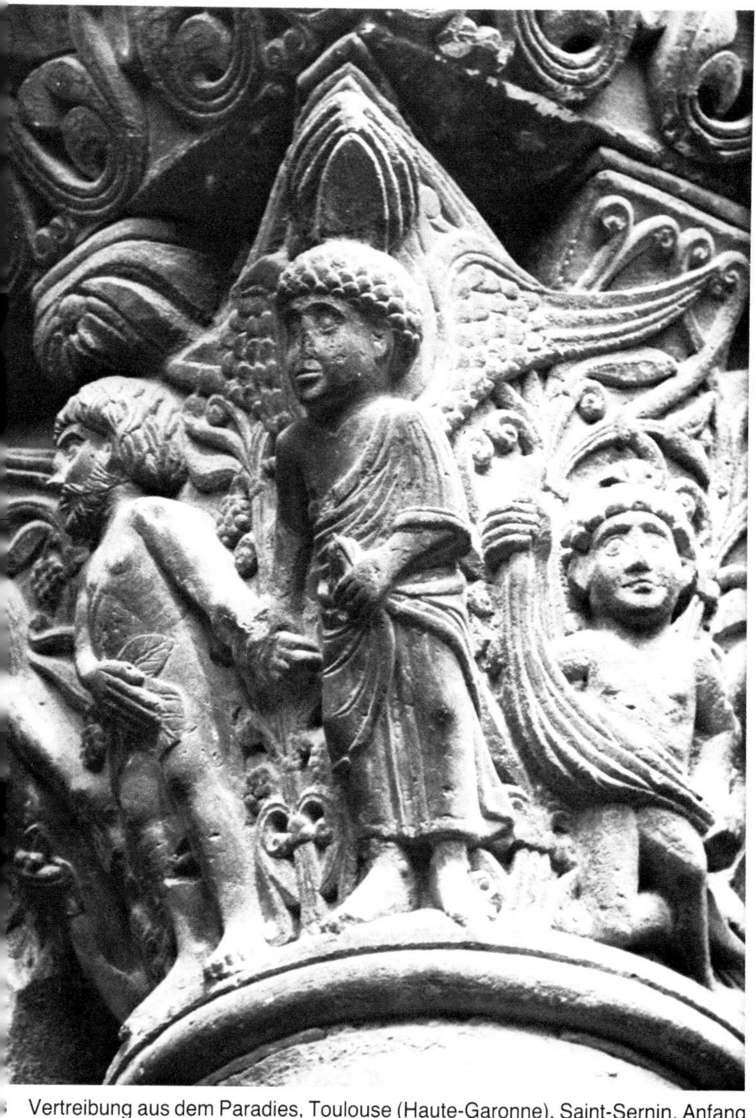

Vertreibung aus dem Paradies, Toulouse (Haute-Garonne), Saint-Sernin, Anfang 12. Jh.

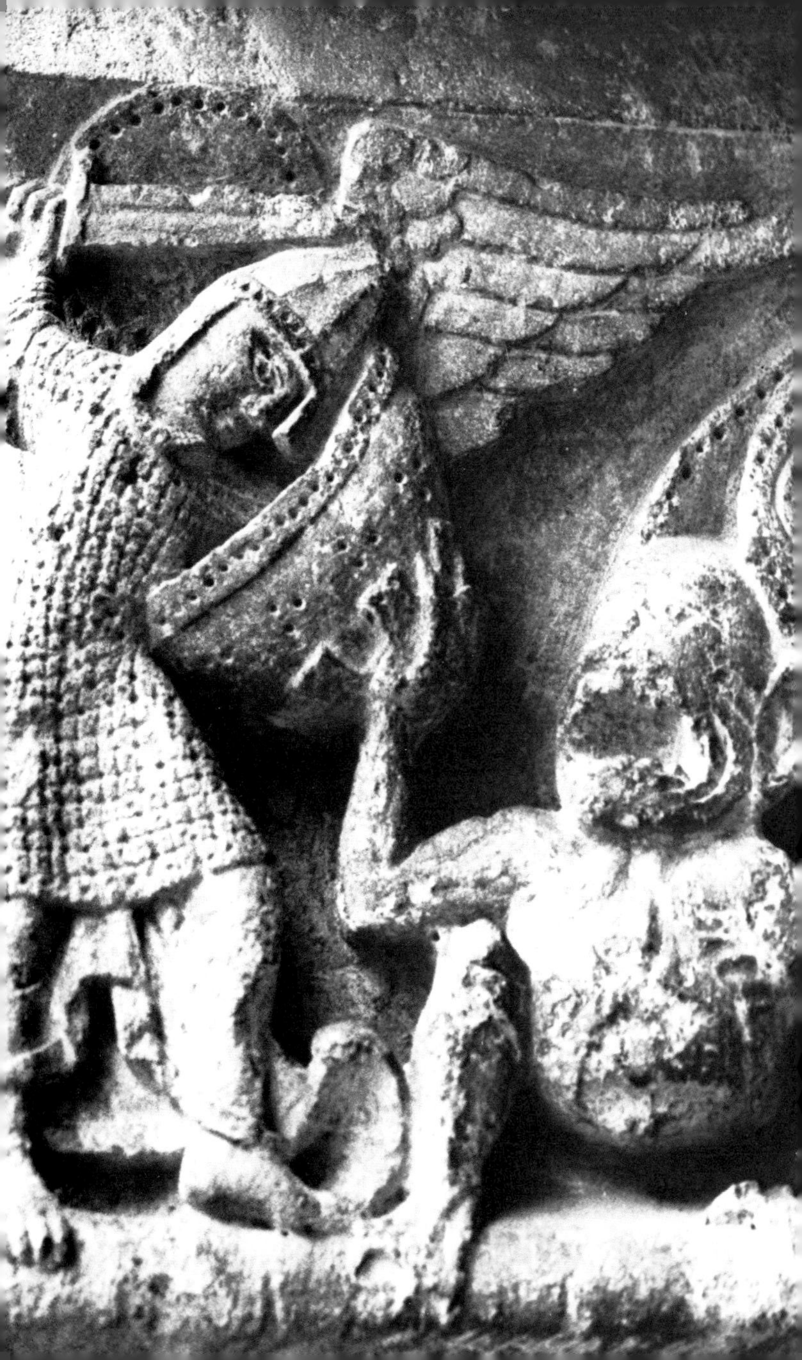

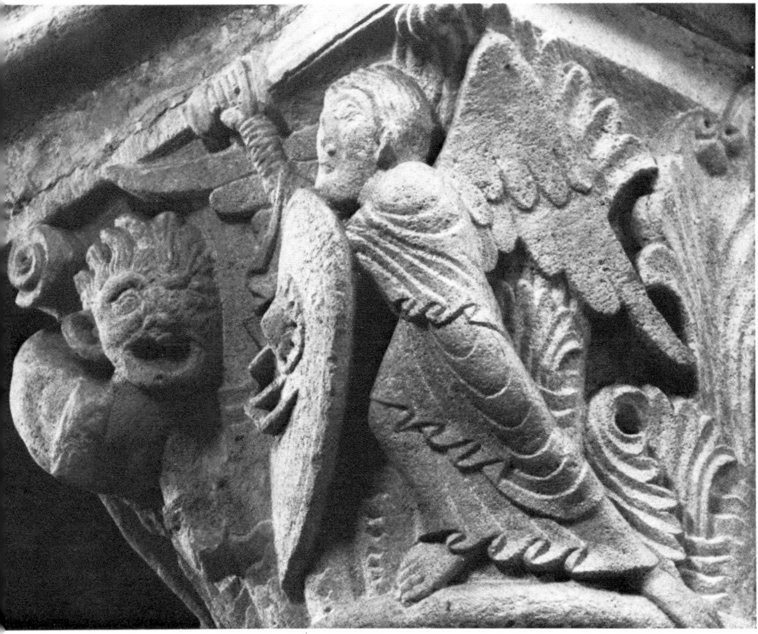

5 Michael bekämpft einen Teufel, Anzy-le-Duc (Saône-et-Loire), zweite Hälfte 11. Jh.

◁ 34 Michael bekämpft einen Teufel, Montceaux-l'Etoile (Saône-et-Loire)

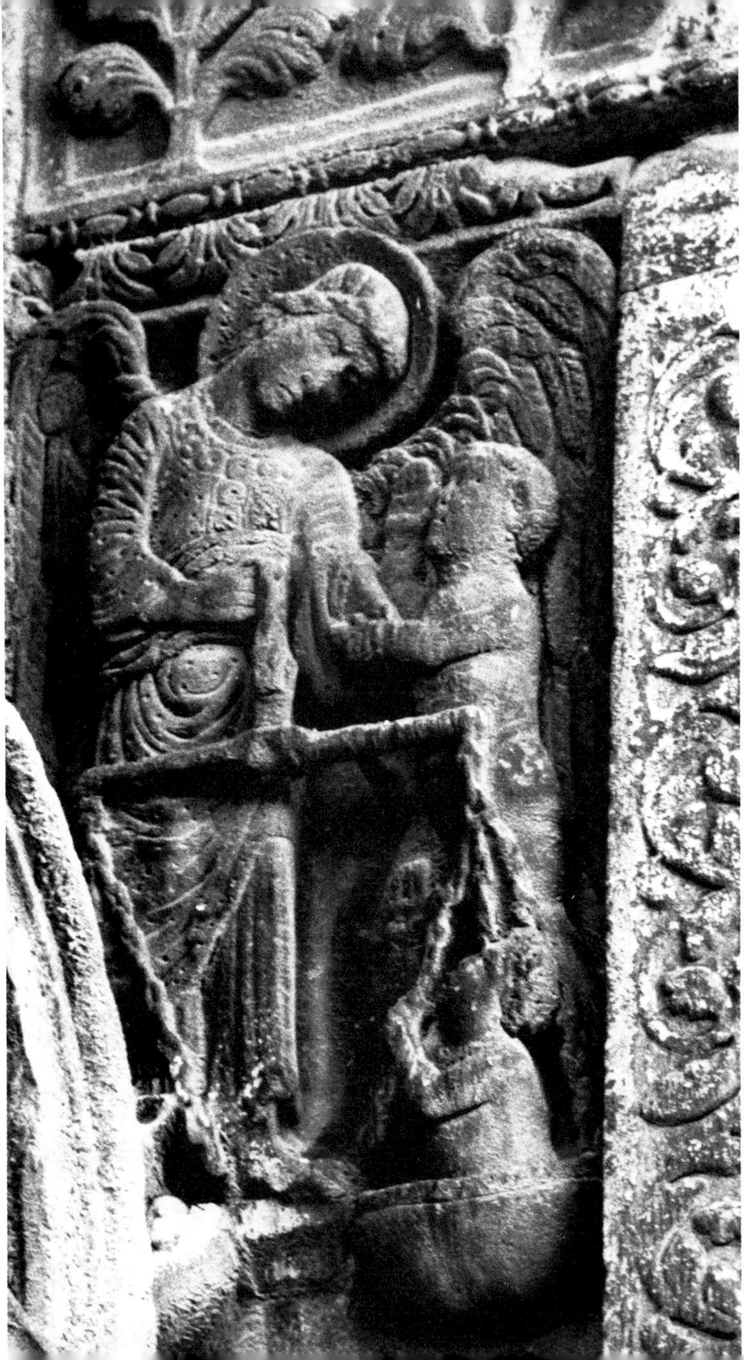

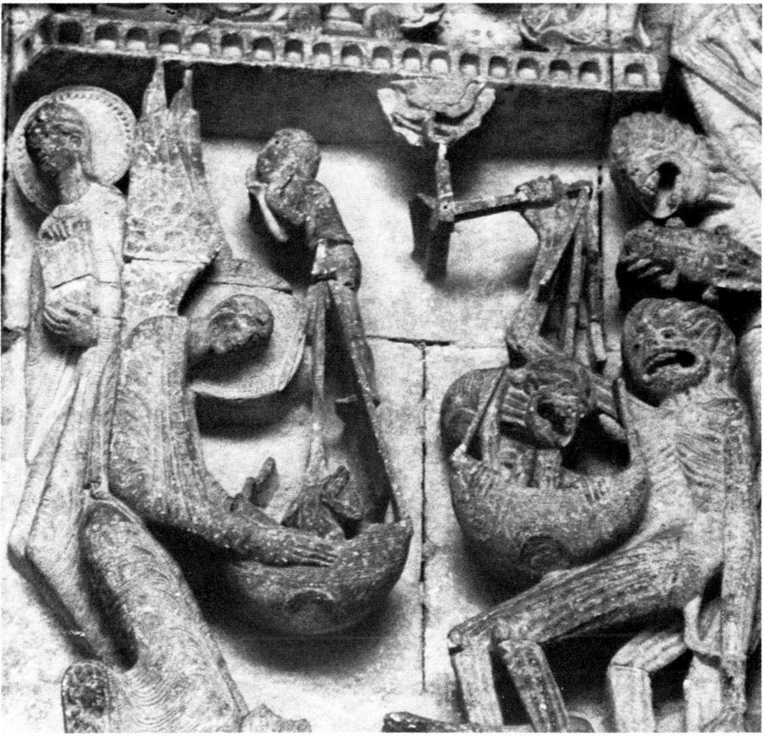

37 Seelenwägung, Autun (Saône-et-Loire), Saint-Lazare, 1130–1135

◁

36 Michael: Seelenwägung, Arles (Bouches-du-Rhône), Saint-Trophime, Portal, letztes Drittel 12. Jh.

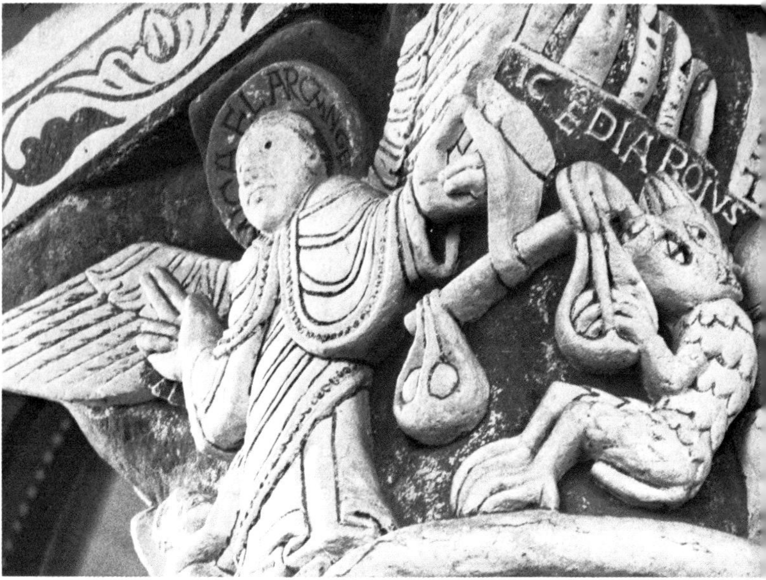

38 Seelenwägung, Chauvigny (Vienne), Saint-Pierre, 12. Jh.

39 Seelenwägung, Conques (Aveyron), Sainte-Foy, 12. Jh.

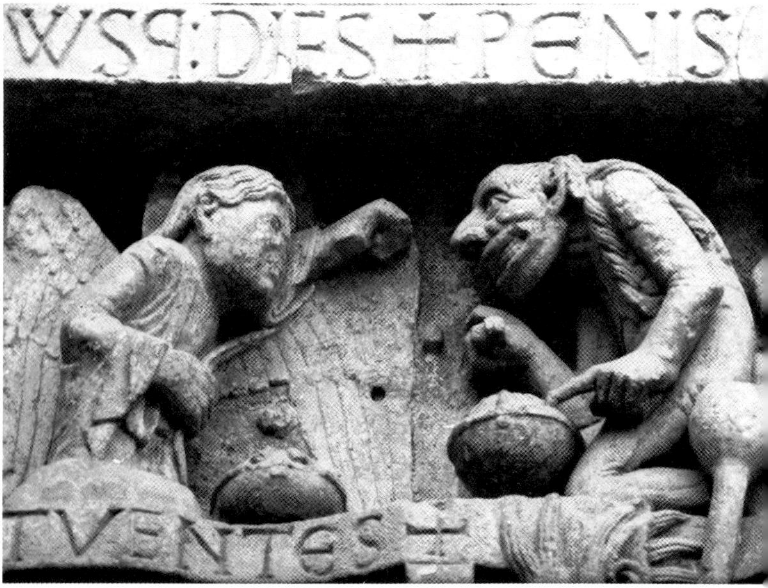

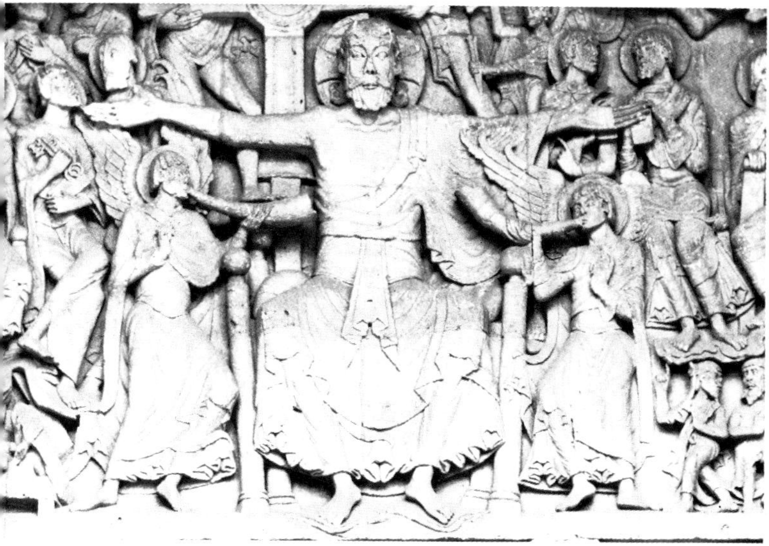

40 Jüngstes Gericht mit Posaune blasenden Engeln, Beaulieu-sur-Dordogne (Corrèze), Saint-Pierre, um 1130

41 Posaune blasende Engel, Arles (Bouches-du-Rhône), Saint-Trophime, letztes Drittel 12. Jh.

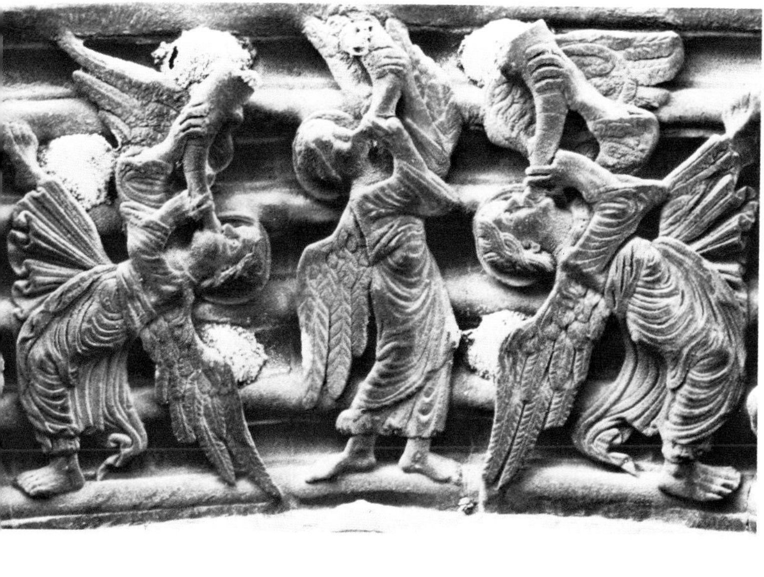

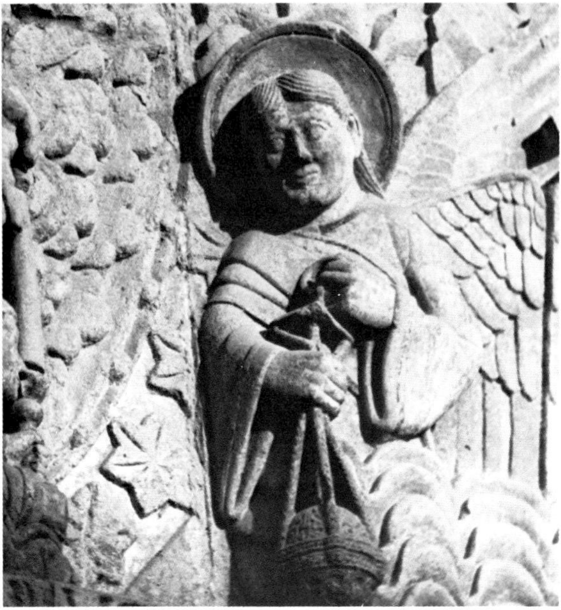

44 Engel aus dem Jüngsten Gericht, Conques (Aveyron), Sainte-Foy, 12. Jh. ▷

42, 43 Engel aus dem Jüngsten Gericht, Conques (Aveyron), Sainte-Foy, 12. Jh.

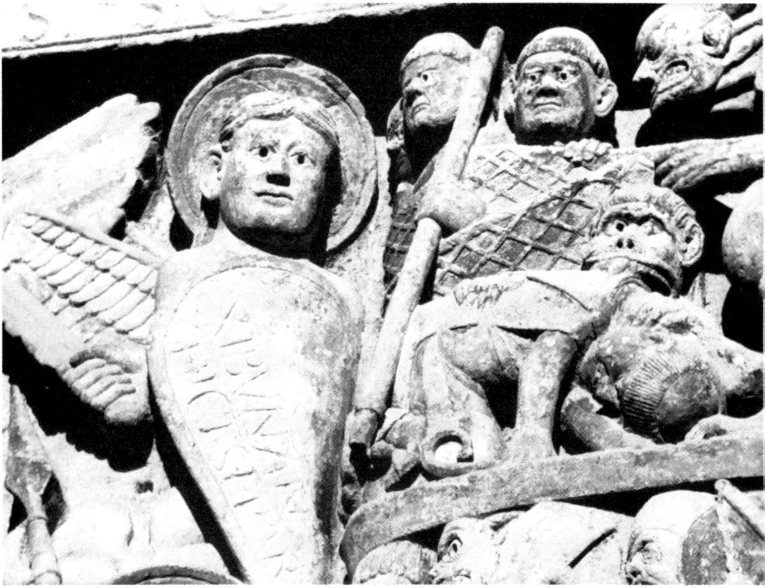

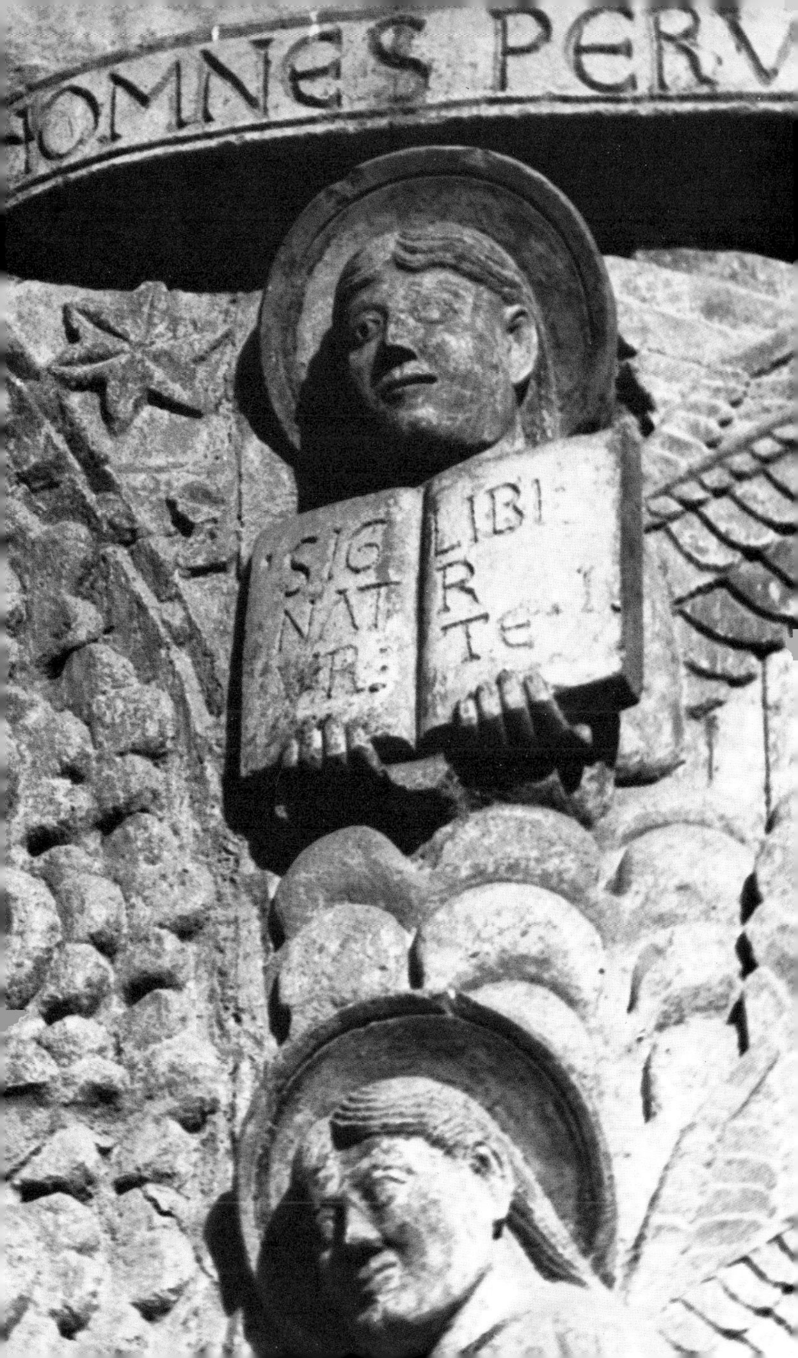
OMNES PERV
SIG NAT VRS
LIBI R TE

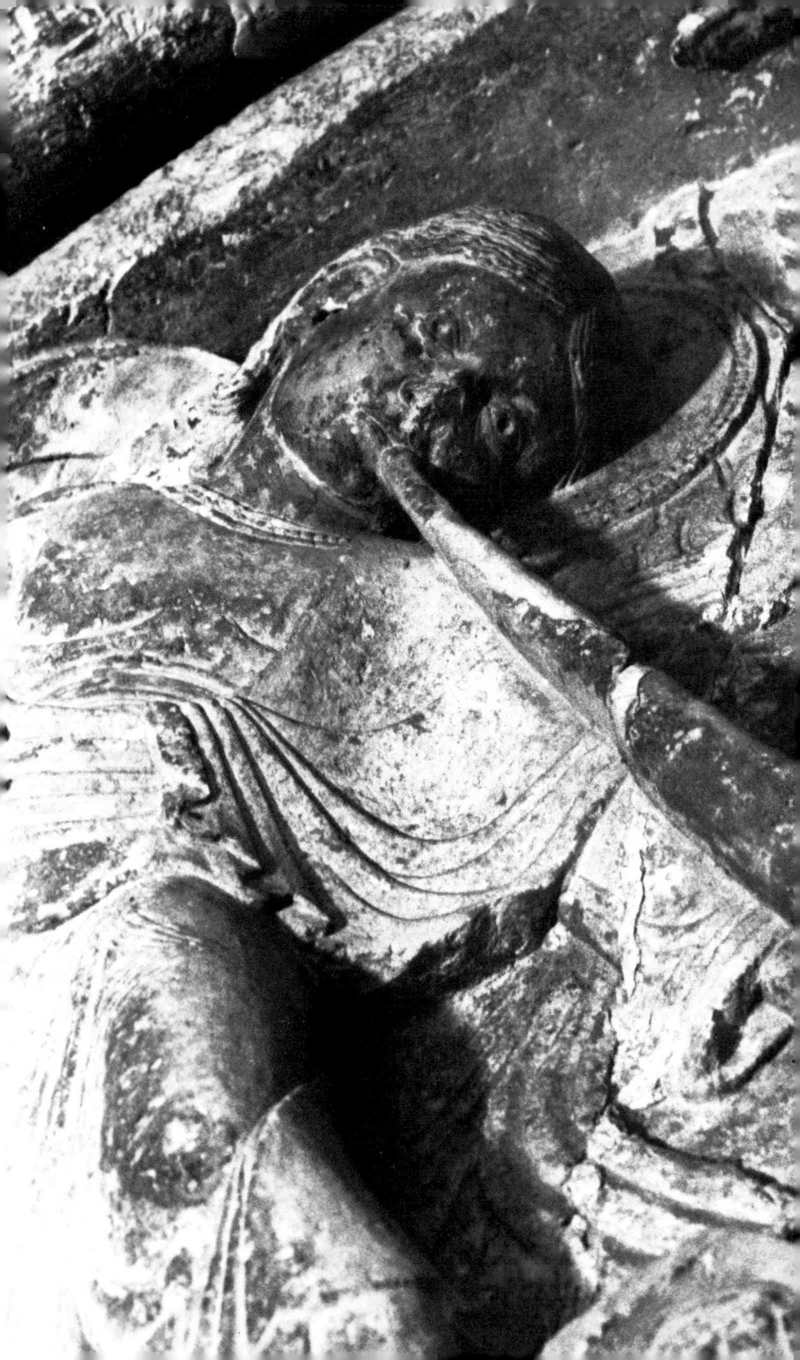

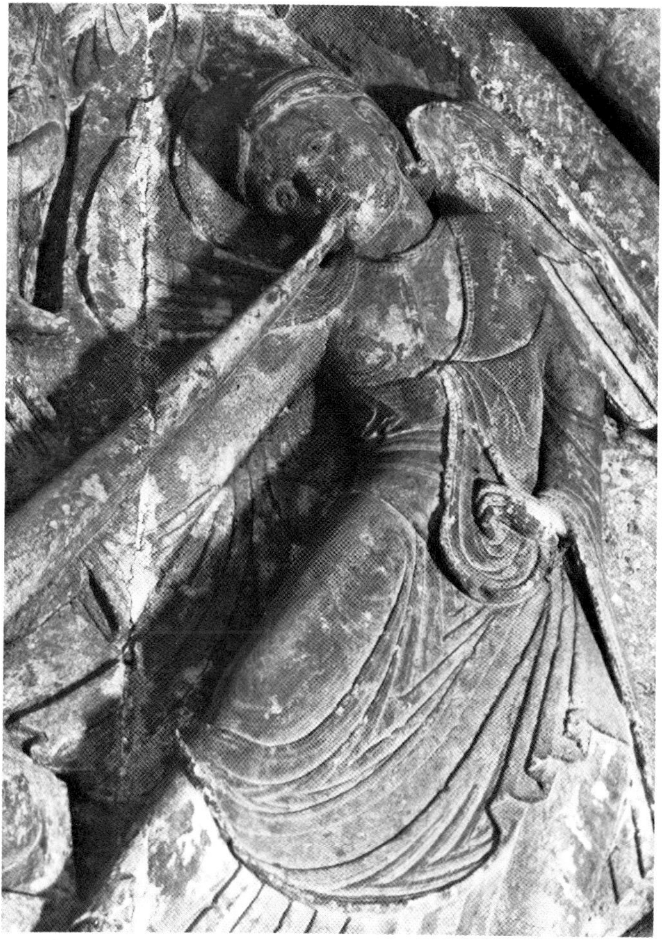

46 Posaune blasender Engel, Martel (Lot), Saint-Maur

◁ 45 Posaune blasender Engel, Martel (Lot), Saint-Maur

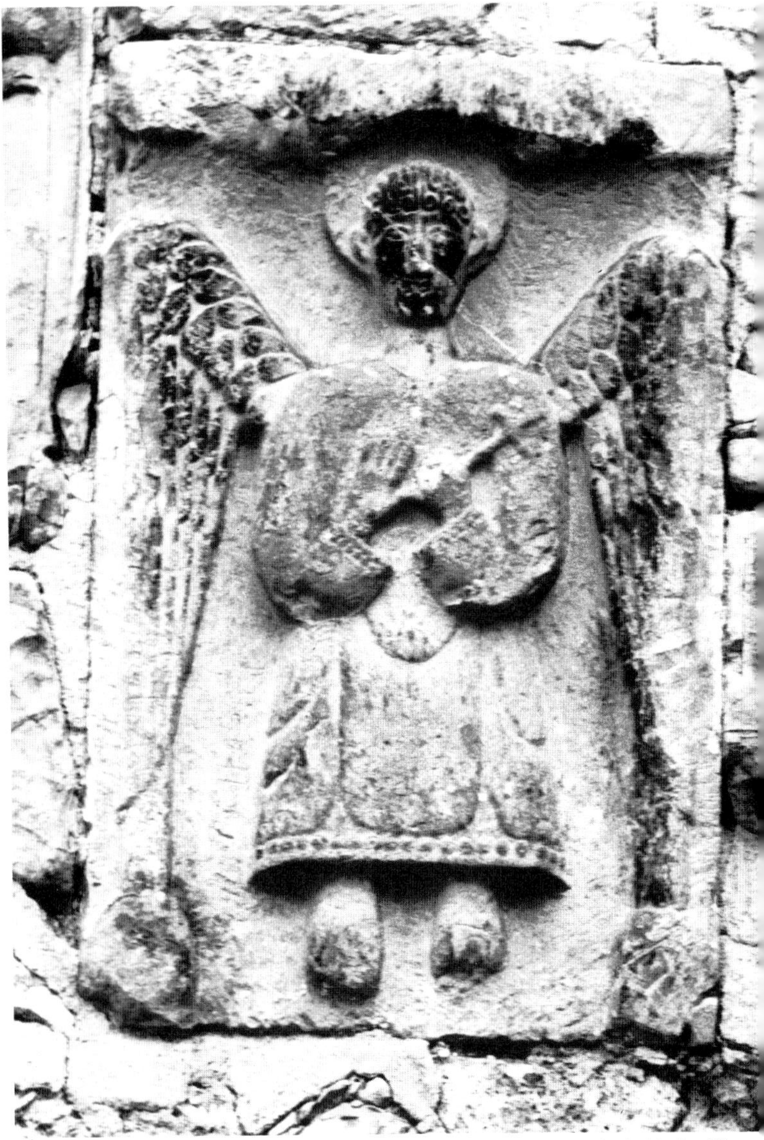

47 Engel aus dem Jüngsten Gericht, Marcilhac-sur-Célé (Lot), Abtei, 11. Jh. (?)

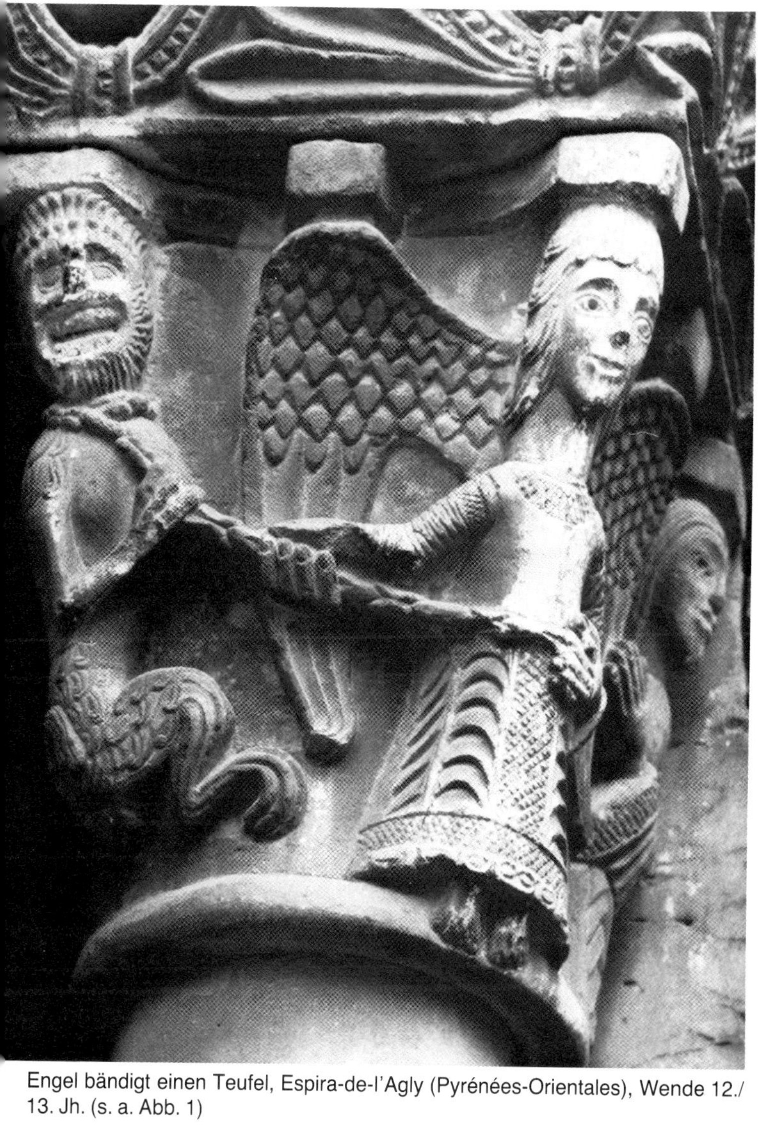

Engel bändigt einen Teufel, Espira-de-l'Agly (Pyrénées-Orientales), Wende 12./13. Jh. (s. a. Abb. 1)

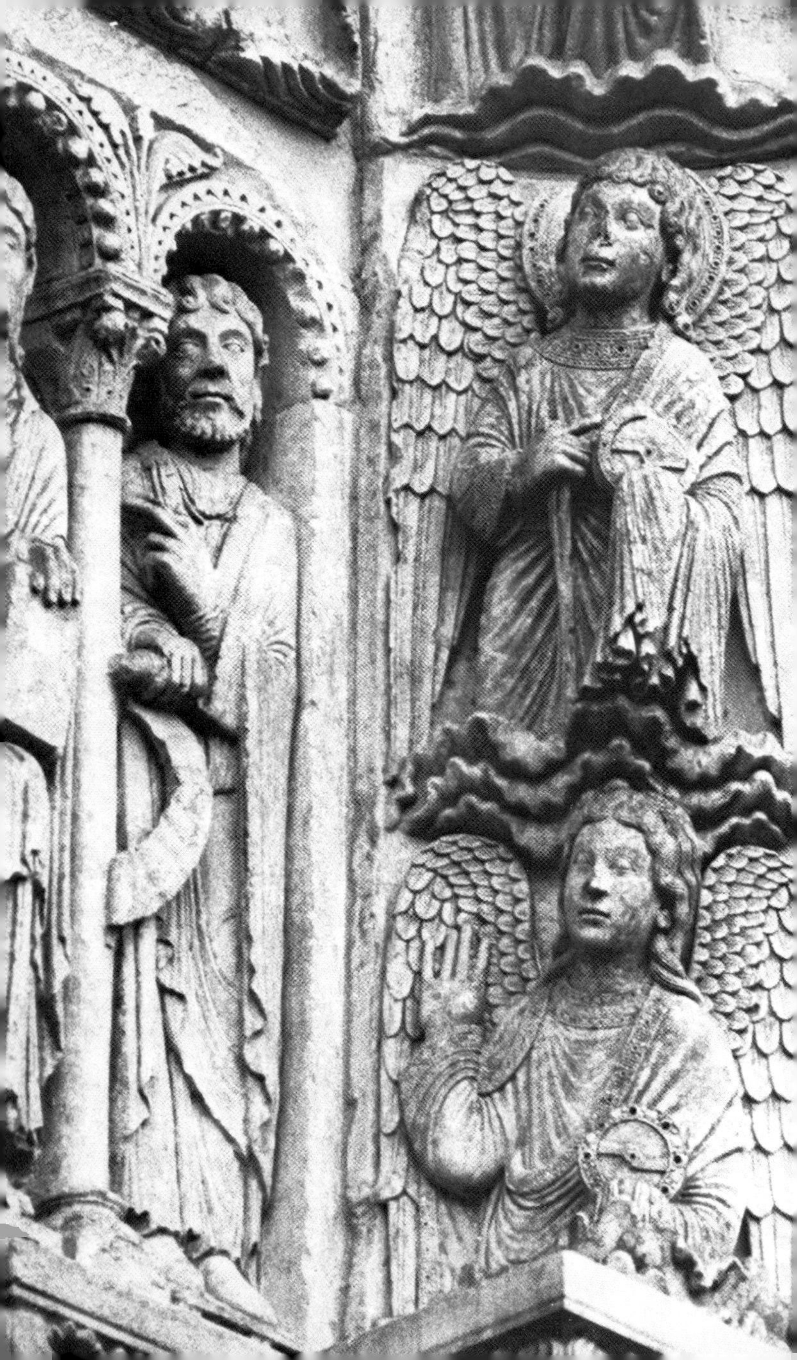

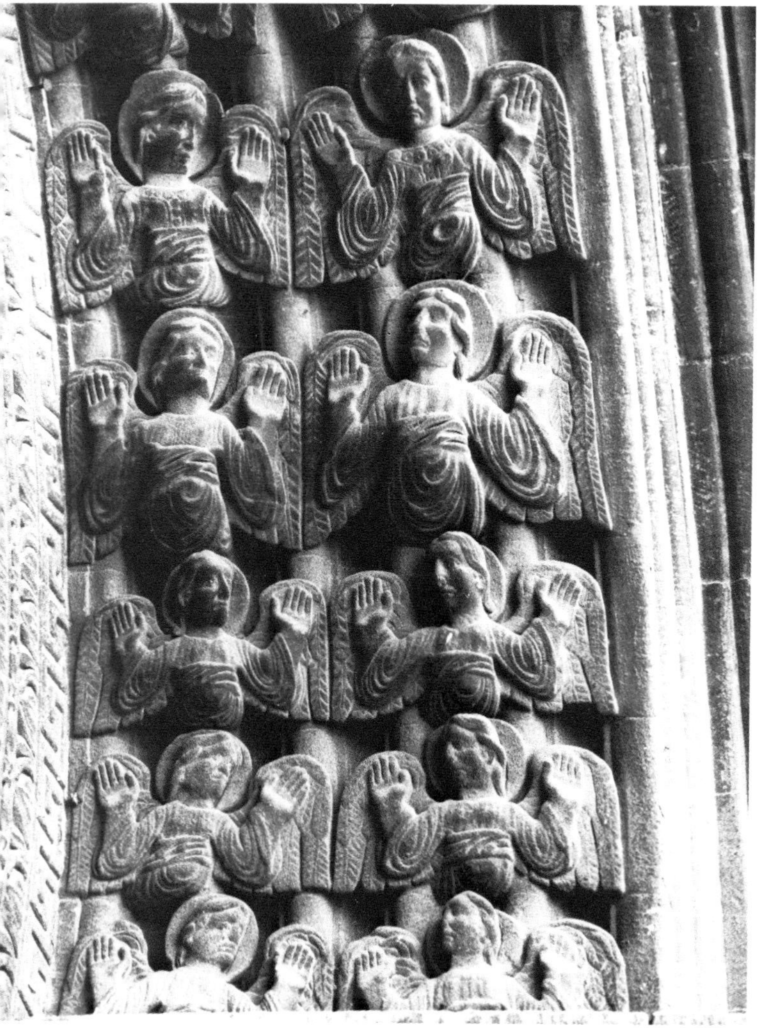

0 Himmlische Heerscharen, Arles (Bouches-du-Rhône), Saint-Trophime, Portal, letztes Drittel 12. Jh.

49 Himmlische Heerscharen, Chartres (Eure-et-Loir), Westportal, Mitte 12. Jh.

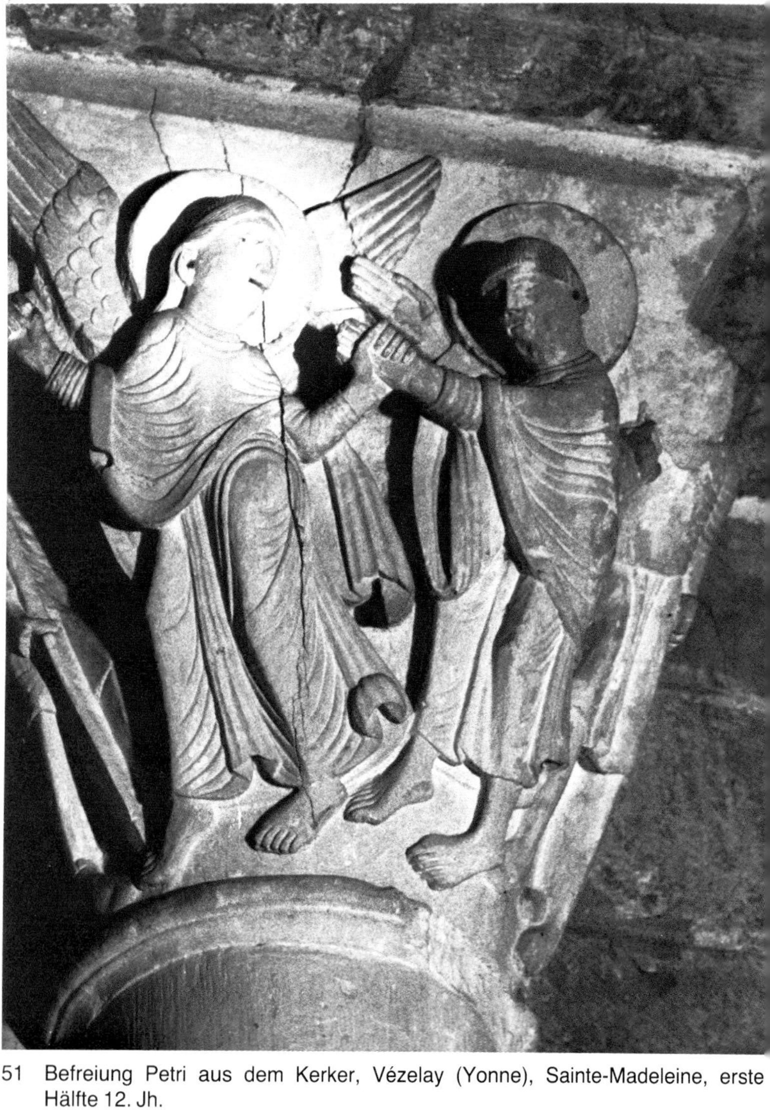

51 Befreiung Petri aus dem Kerker, Vézelay (Yonne), Sainte-Madeleine, erste Hälfte 12. Jh.

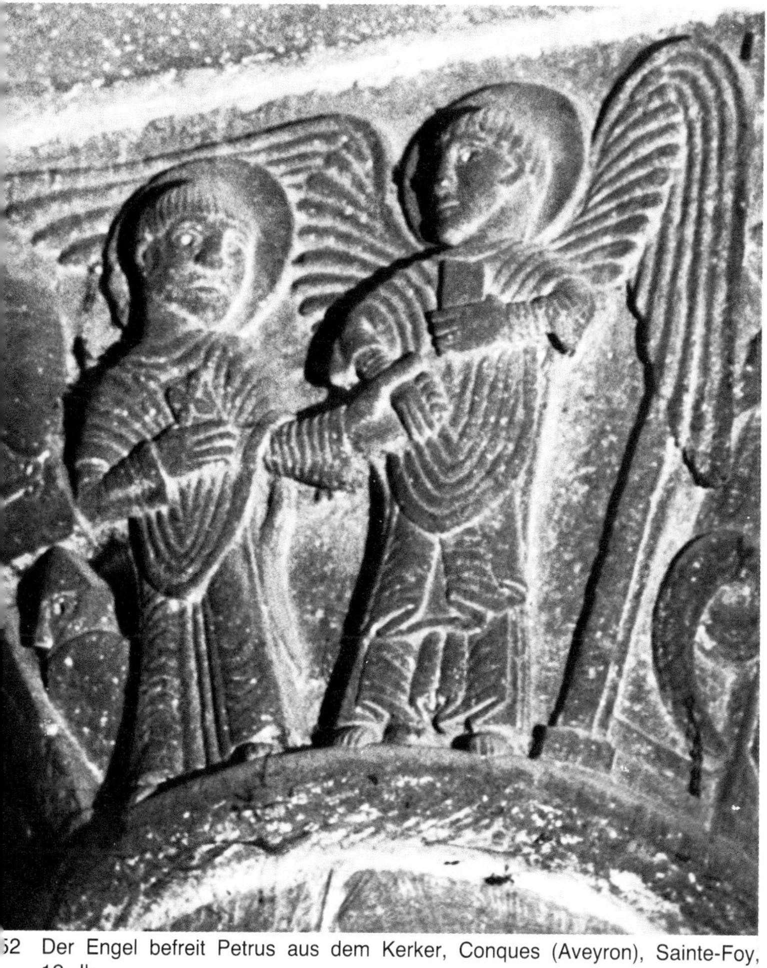

52 Der Engel befreit Petrus aus dem Kerker, Conques (Aveyron), Sainte-Foy, 12. Jh.

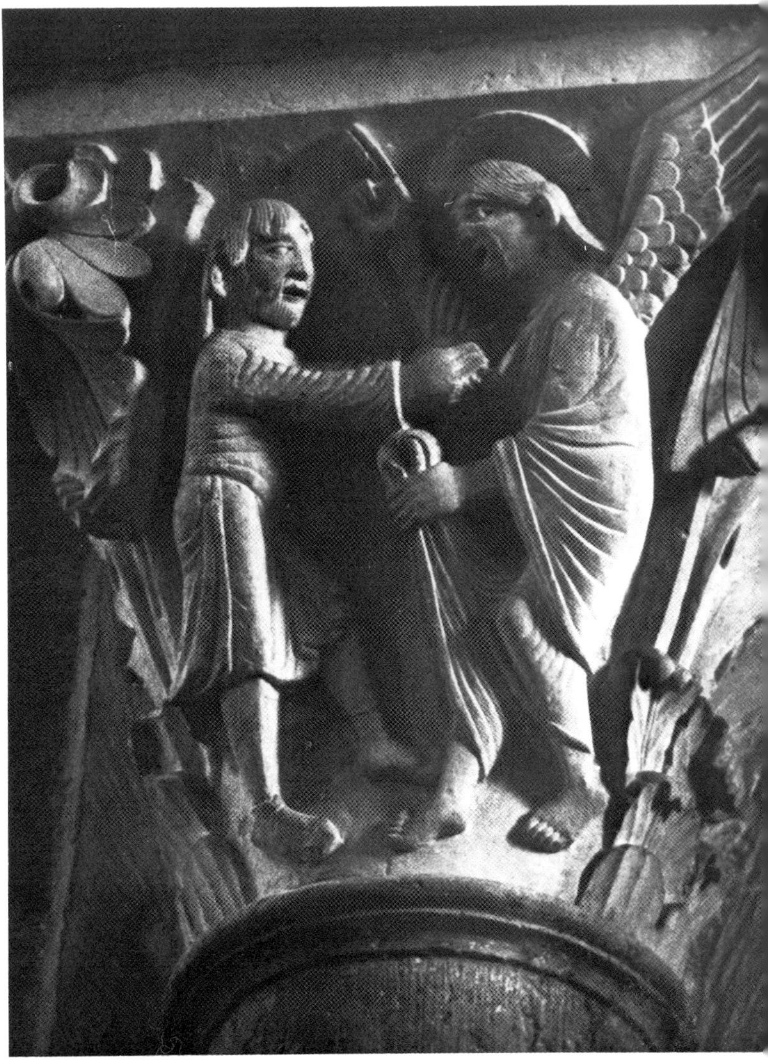

53 Jakobs Kampf mit dem Engel, Vézelay (Yonne), Sainte-Madeleine, erste Hälft[e]
12. Jh.

Seraphim

Seltener als die Cherubim nennt das Alte Testament die Seraphim als die den Schöpfer allernächst Umgebenden (Abb. 64–66, 95). Sie sind Verehrung und Glut, himmlisches Feuer in der Verehrung des Höchsten. Leuchten die Flügel der Cherubim in blauschimmerndem Glanz, so die der Seraphim in flammendem Rot, so sehr erfüllt sie die göttliche Herrlichkeit und Liebe. Bei Jesaja heißt es:

»6, Des Jahres, da der König Usia starb, sah ich den Herrn sitzen auf einem hohen und erhabenen Stuhl und sein Saum füllte den Tempel.
6,2 Zwei Seraphim standen über ihm, ein jeglicher hatte sechs Flügel; mit zweien deckten sie ihr Antlitz, mit zweien deckten sie ihre Füße, und mit zweien flogen sie.
6,3 Und einer rief zum anderen und sprach: Heilig, heilig, heilig ist der Herr Zebaoth.
Alle Lande sind seiner Ehre voll!«

Der sechsflügelige Seraph besteht ganz aus Glut, Leuchten und Blitzen, wie schon sein Name andeutet, der, stammverwandt mit dem Verb *sarap* (brennen), ihre wesentliche Eigenschaft umschreibt. Von Pseudo-Dionysius Areopagita, der seinen Namen mit ›Entflammer‹ oder ›Erglüher‹ übersetzt hat, wird er dem Cherub noch übergeordnet. Auch seine Flügel sind mit Augen bedeckt, jedoch scheint es, daß sie nichts Irdisches wahrnehmen; denn zwei seiner Flügel braucht der Seraph zum Fliegen, zwei, um sein Gesicht zu bedecken, da kein Wesen und also auch er nicht den Anblick des Allerhöchsten ertrüge, zwei, um seinen Leib zu verhüllen, weil dies die Ehrfurcht gebietet.

Legenden zu den folgenden Farbtafeln

1 Engel am Grabe Christi, Issoire (Puy-de-Dôme), 12. Jh.
2 Reitender gefallener Engel, Issoire (Puy-de-Dôme), 12. Jh.
3 Verkündigung an Maria, Issoire (Puy-de-Dôme), 12. Jh.
4 Verkündigung an Maria, Clermont-Ferrand (Puy-de-Dôme), 12. Jh.
5 Taufe Christi, Clermont-Ferrand (Puy-de-Dôme), 12. Jh.
6 Engel aus der Verkündigung an Maria (Farbt. 4), Clermont-Ferrand (Puy-de-Dôme), 12. Jh.
7 Engel der Anbetung, Saulcet (Allier), 13. Jh.
8 Thronende Madonna mit Kind und herbeischwebendem Engel, Saint-Savin (Vienne), drittes Viertel 12. Jh.
9 Verkündigung an Maria, Rocamadour (Lot), 12. Jh.
10 Szene aus der Apokalypse, Saint-Savin (Vienne), drittes Viertel 12. Jh.
11 Mandorla haltender Engel, Saulcet (Allier), 12. Jh.

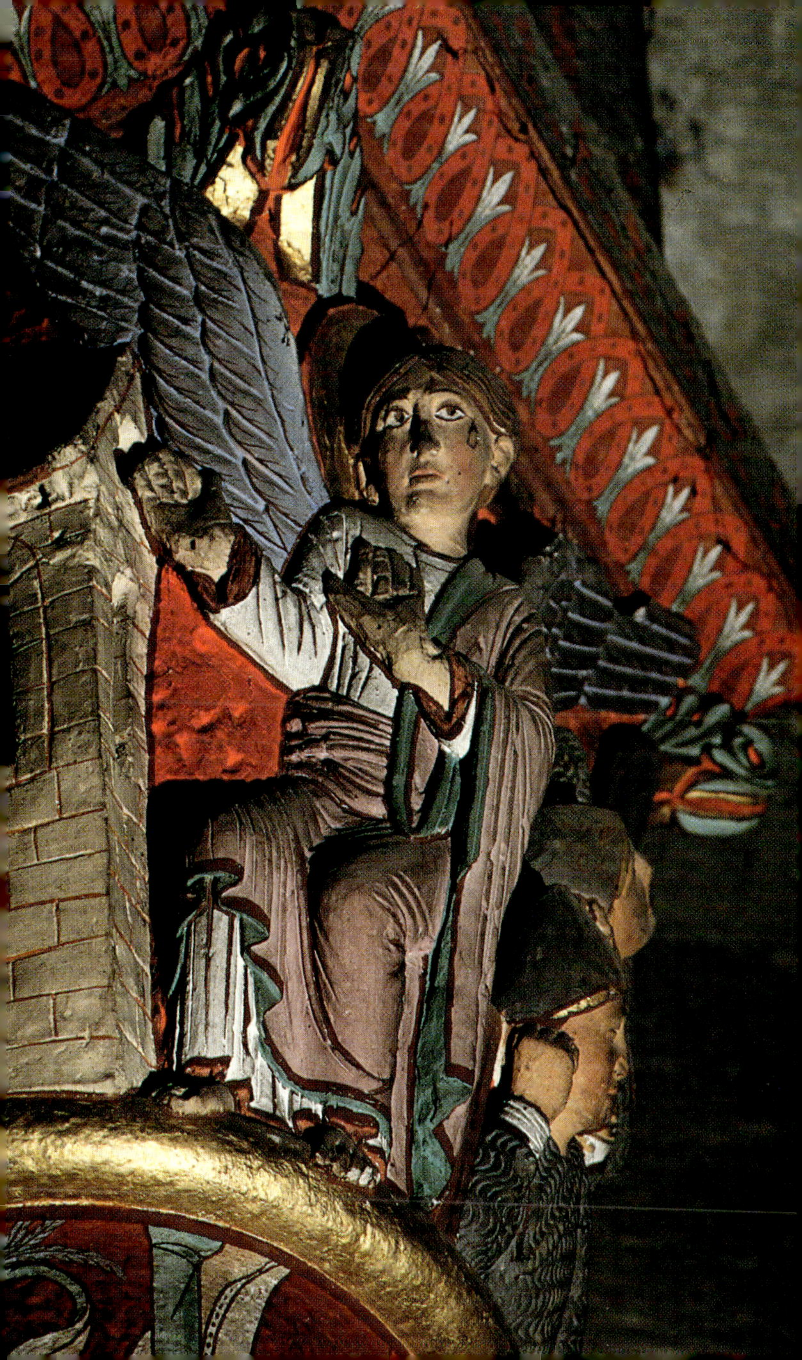

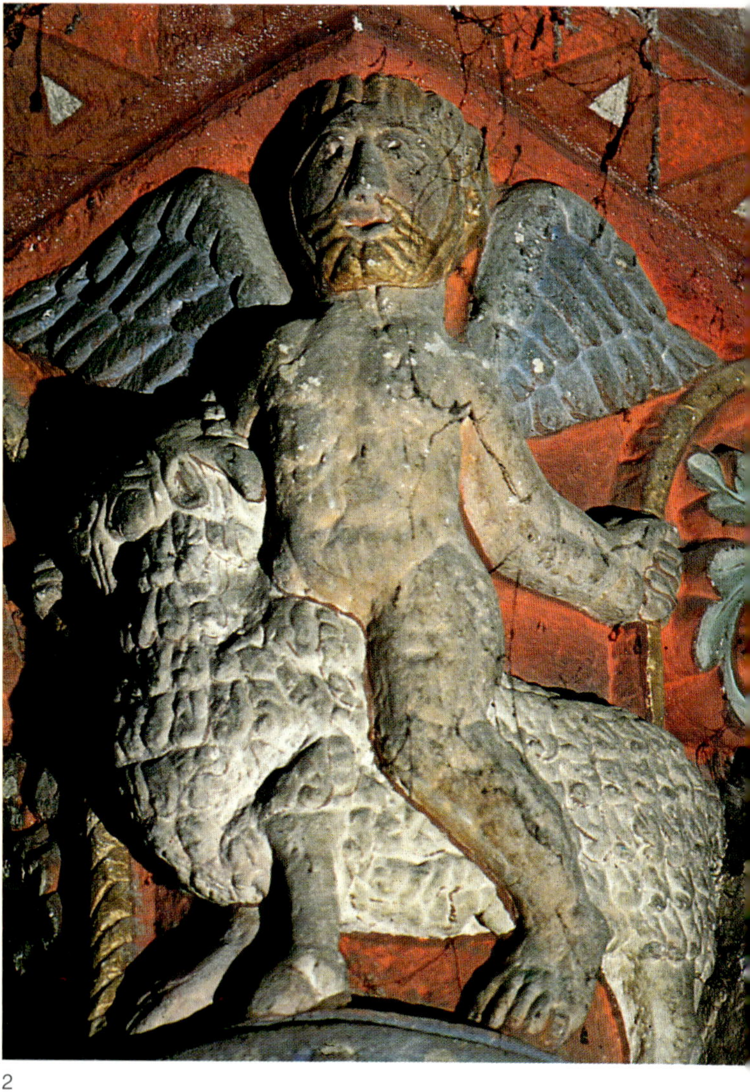

2

◁ 1

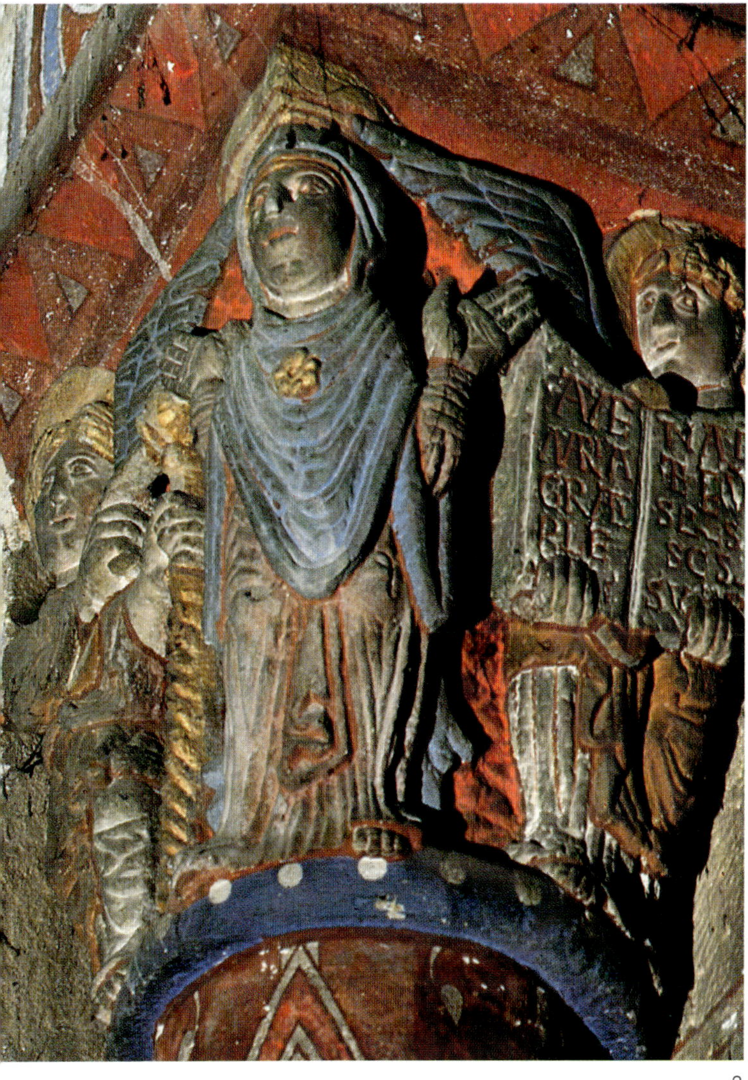
AVE
GRA
PLE

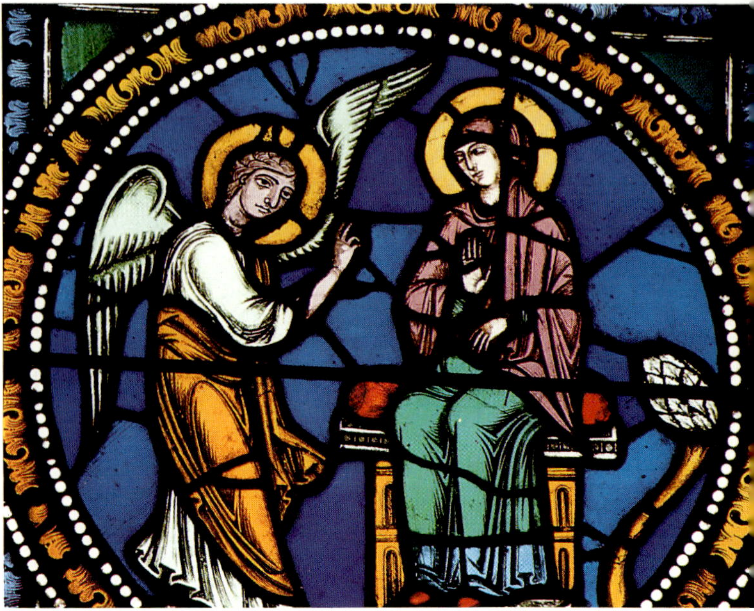

4

5

6 ▷

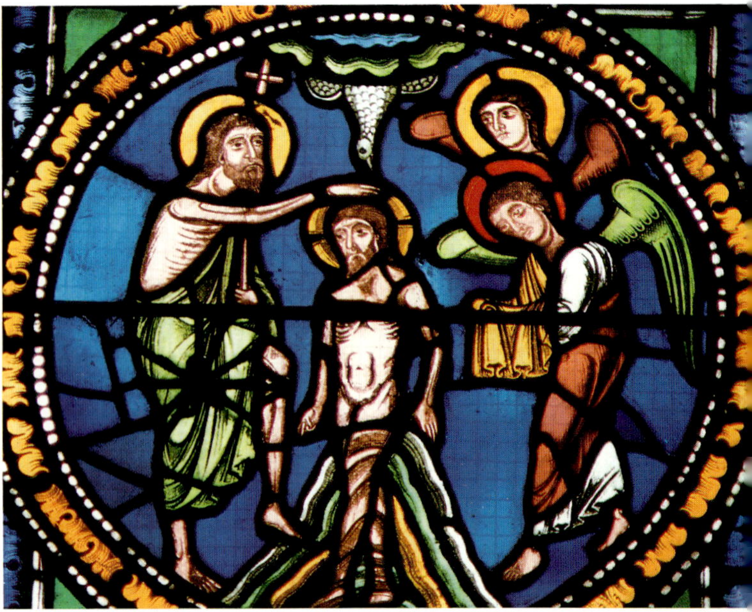

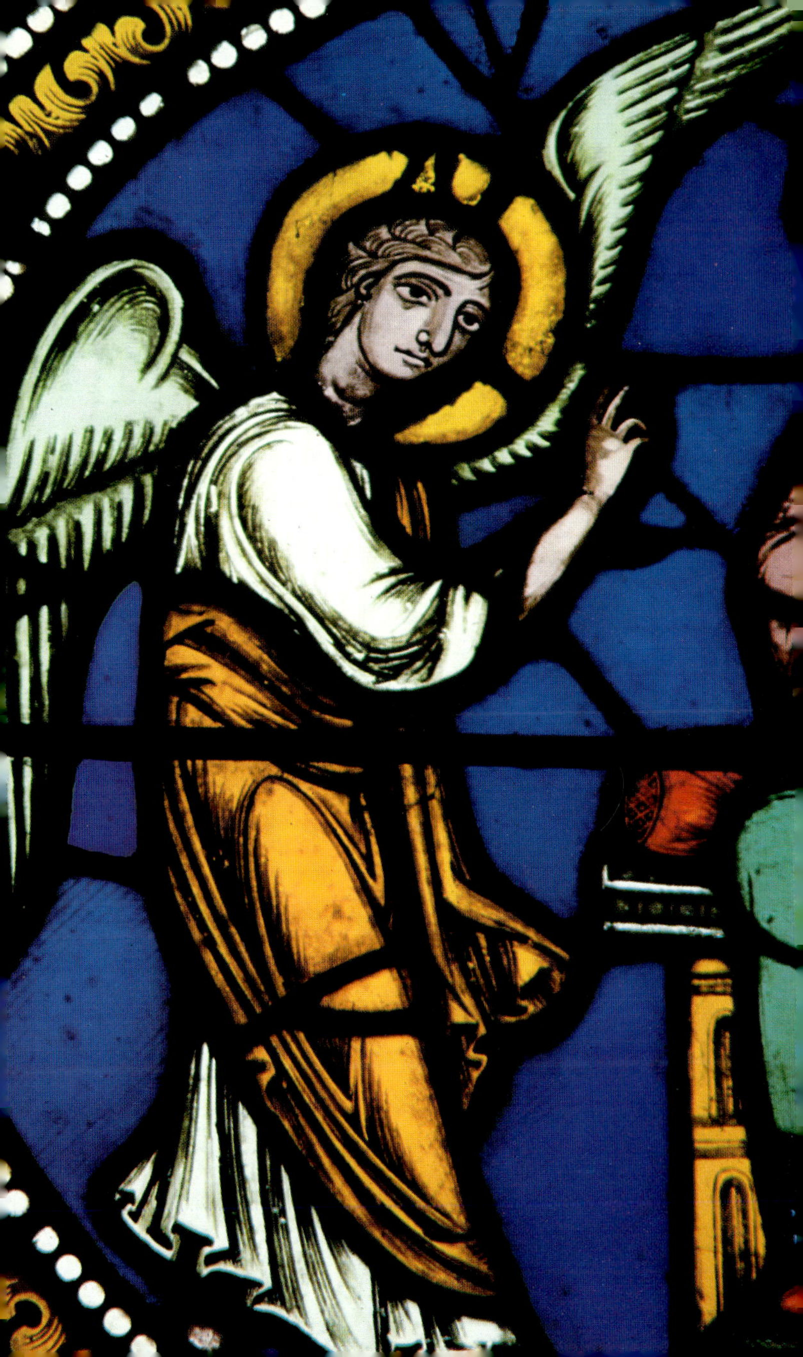

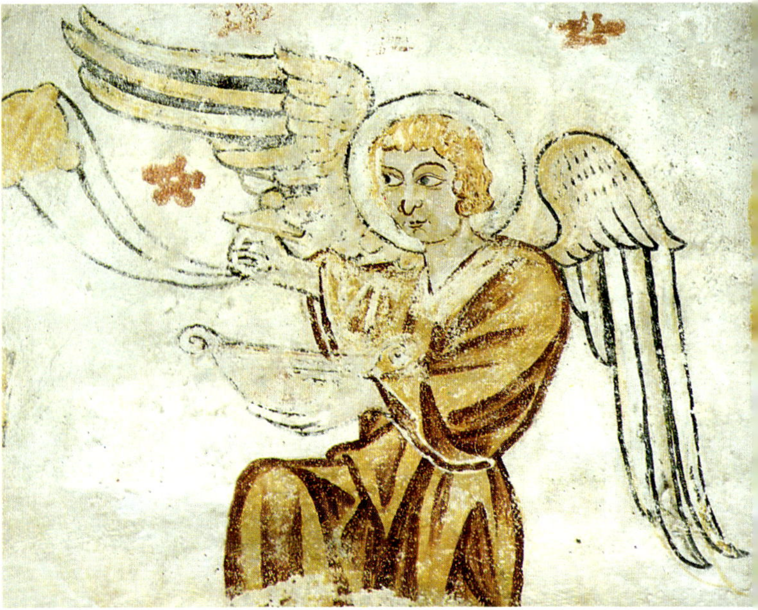

7

9 ▷

8

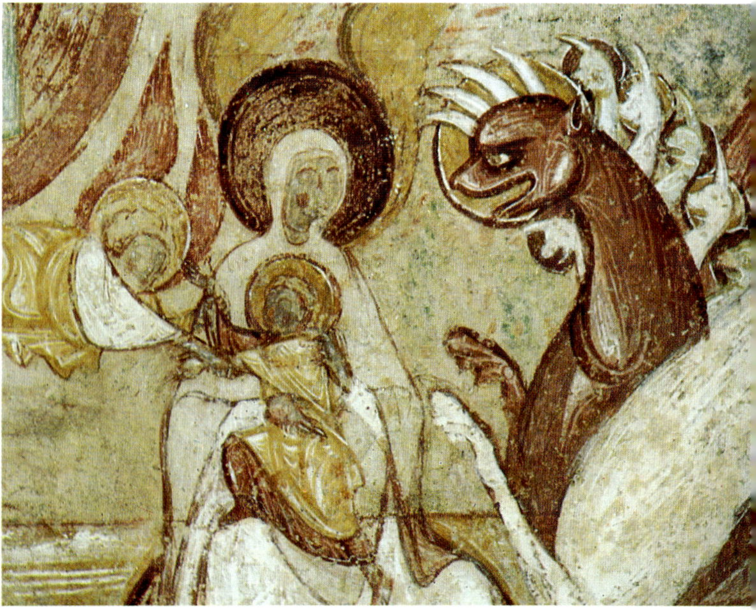

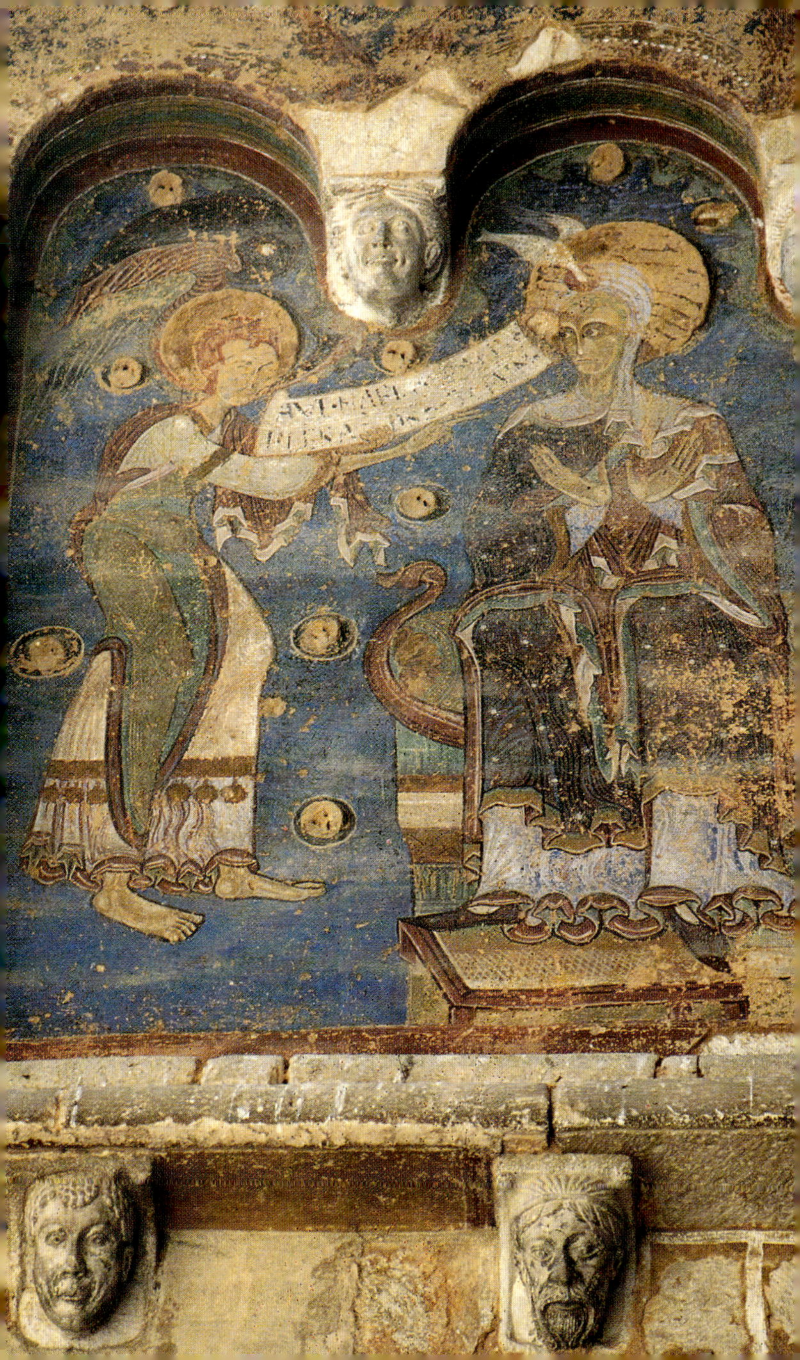

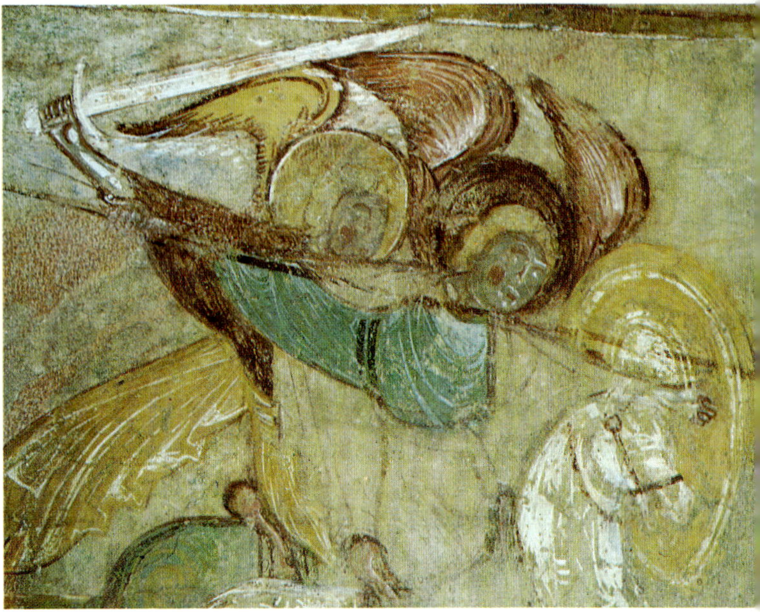

10

11

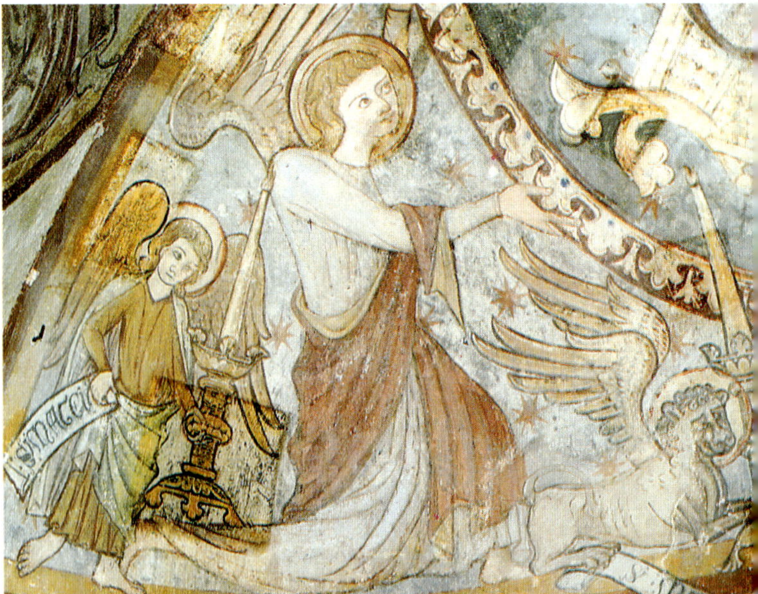

Hugo Ball umschreibt die Natur der Seraphim folgendermaßen: »Der Name der Seraphim lehrte ihre immerwährende und unaufhörliche Beweglichkeit um das Göttliche; ihre Glut, ihre Schärfe, das Übereifrige ihrer unablässigen, nie wankenden Umkreisung; ihre Kraft, in brennenden und alles verzehrenden Flammen die ihnen folgenden Ordnungen zu reinigen, emporzuführen und wirksam sich anzugleichen. Ihr Charakter läßt kein Verhüllen und kein Erlöschen zu. Er hält sich lichtartig und lichtspendend stets auf derselben Höhe. Er verscheucht und vernichtet jede Verdunkelung.«

Die Seraphim sind derart der menschlichen Betrachtung entrückt und einzig Gott zugewandt, daß sie – nicht anders als die Cherubim – wohl für die byzantinische Kirche sehr an Bedeutung gewannen, nicht jedoch im europäischen Westen. Hier liebte man vor allem die Heilsgeschichten, in denen die gütigen, dem eigenen Leben verbundenen und hilfreichen ›niederen‹ Engel auf- und niedersteigen, Heilsbotschaften, Trost und Beistand bringen, ermutigen und den rechten Weg zum ewigen Heil weisen in Gottes Auftrag. Nur wo der Allerhöchste in seiner ganzen Glorie dargestellt werden sollte, fanden Seraphim und Cherubim noch ihren Platz.

Cherubim

Besonders in den frühen Jahrhunderten begegnen wir in Frankreich unter den romanischen Engelsgestalten immer wieder den Cherubim, deren hebräischer Name ›Cherub‹ etwa mit ›Fülle der Erkenntnis Gottes‹ zu übersetzen wäre. Im Alten Testament werden sie häufig erwähnt und stets als Engel bezeichnet. In Buch 25 des Moses, dessen Lebenszeit um 1225 v. Chr. angesetzt wird, ist von ihnen als »Wächtern des Paradieses« die Rede, das sie mit feurigem Schwert bewachen, und der »Gnadenthron« auf der Bundeslade wird als »kunstvoll von zwei aus Gold getriebenen Cherubim gebildet« beschrieben.

Großartig erscheint ihr Bild in der Gewitterschilderung im Psalm Davids 18, Vers 10, wo von Gott gesagt wird: »Er neigte den Himmel und fuhr herab, und Dunkel war unter seinen Füßen. Und er fuhr auf dem Cherub und flog daher; er schwebte auf den Fittichen des Windes.«

Kaum weniger erhaben sieht der Prophet Hesekiel (Ezechiel) um 590 v. Chr. in seiner babylonischen Verbannung die Cherubim in seiner Berufungsvision: »Ein Sturmwind brach von Norden herein, eine mächtige Wolke und ein loderndes Feuer. Mitten aus dem Feuer erschien etwas, das glich vier Lebewesen, die anzusehen waren wie Menschengestalten. Jedes hatte vier Gesichter und jedes hatte vier Flügel ... Menschenhände hatten sie unter ihren Flügeln ... Ihre Flügel reckten sich nach oben, je zwei berührten sich, und zwei bedeckten ihre Leiber. Und mitten aus den Gestalten glühte es, wie brennende Kohlen glühen, und die Glut fuhr wie Fackeln hin und her zwischen den Lebewesen, und aus der Glut fuhren Blitze.«

Die Vorstellung von diesen vierflügeligen Geistwesen ist also offenbar uralt, wie die hier zitierten Erwähnungen im Buch Moses und bei Hesekiel zeigen.

Ergänzend dazu schreiben Heinrich und Margarethe Schmidt in ihrem Buch ›Die vergessene Bildersprache christlicher Kunst‹: »Der Wortstamm ›Cherub‹ ist verwandt mit dem assyrisch-babylonischen *ilu karibu,* einer Mittlergestalt, welche die Gebete der Menschen vor die Gottheit bringt.« Wenn wir dies wissen, wundert es uns nicht mehr, daß wir Cherubim besonders oft gerade in der sogenannten ›mesopotamischen Zone‹ dargestellt finden, dem Südwesten Frankreichs, der vorwiegend von Mönchen aus Vorderasien christianisiert worden ist, so in Serrabone, Sorède und Saint-Michel-de-Cuxa (Abb. 67), aber auch in Clermont-Ferrand in der Auvergne.

Zu den Cherubim gehören die Augen auf ihren Flügeln, Zeichen ihrer immerwährenden Wachsamkeit (Abb. 67) und auch das in der Plastik selten dargestellte Rad unter ihren Füßen, mit dem sie zum ›Thronwagen Gottes‹ werden, ebenso ihre Vierzahl, die sie zu den Wächtern an den vier Ecken der Welt macht. Ihre Natur ist ganz und gar leuchtend, so daß Hugo Ball sie in seinem Kapitel über die Dionysische Hierarchie (›Byzantinisches Christentum‹) folgendermaßen schildern konnte: »Ihr Name bezeichnet die Gabe des Erkennens und Gottschauens, ihre Fähigkeit, die höchste Lichtmitteilung aufzunehmen und die urgöttliche Schönheit in ihrer direkten, unmittelbar wirkenden Macht zu erfassen. Ein Drang erfüllt sie, durch Ergießung der ihnen von Gott geschenkten Weisheit neidlos mit den Wesen der zweiten (unter ihnen stehenden) Ordnung in Gemeinschaft zu treten.«

In der romanischen Skulptur Frankreichs sehen wir Seraphim wie Cherubim stets in Anbetung und in unmittelbarer Nähe Gottes. Da sie nicht in menschliche Geschicke eingreifen, sondern nur Gott in Verehrung umgeben, ist ihre Darstellung thematisch so begrenzt, daß sie im Lauf der Jahrhunderte, wie so vieles andere aus dem Alten Testament Stammende, immer mehr zurücktrat und nur noch im Tetramorph fortwirkt, wovon im folgenden die Rede sein wird.

Der Tetramorph

Die vier engelartig gestalteten Wesen pflegen wir schon seit Jahrhunderten nicht mehr zu den Engeln zu rechnen, wir sind gewohnt, sie als Symbol der vier Evangelisten anzusehen.

In Frankreich finden wir sie oft im Innenraum der Kirchen, dort, wo die Kuppelwölbung der Vierung ansetzt, in die Ecken geschmiegt, und im Tympanon, z. B. in Figeac und Ganagobie (Abb. 68), nicht seltener jedoch in Darstellungen, die der Majestät Gottes, seines Sohnes oder der Dreieinigkeit geweiht sind (Abb. 15, 17).

Tetramorph (griechisch, ›Viergestalt‹), das bedeutet: vier Wesen, nach der Vision des Hesekiel mit vier Flügeln und mit vier Köpfen von Mensch, Löwe, Stier und Adler, nach der Offenbarung des Johannes jedoch mit sechs Flügeln. Hesekiel erwähnt sie während der jüdisch-babylonischen Gefangenschaft – also gegen Ende des 6. Jahrhunderts v. Chr. –, die Offenbarung Johannis um 96 n. Chr.

Recht klar ist die Vorstellung des Tetramorph durch den Kirchenvater Irenäus, Bischof von Lyon, für die Gläubigen im 2. Jahrhundert unseres Zeitalters ausgedeutet worden, der auch auf ihre Verbindung zu den Cherubim aufmerksam macht. Er schrieb: »Es gibt ... vier Evangelien. Da es nun vier Weltgegenden gibt, in denen wir wohnen, und vier hauptsächliche Winde, und da die Kirche verbreitet ist über die ganze Erde, der Kirche Säule jedoch das Evangelium und der Geist des Lebens ist, so muß diese Kirche folgerichtig vier Säulen besitzen, welche nach allen Seiten hin Festigkeit geben und die Menschen beleben. Daraus ergibt sich, daß das lebenschaffende, über den Cherubim thronende, alles umfassende Wort (Logos = Christus) uns ein viergestaltiges Evangelium gab, das von *einem* Geist zusammengehalten wird.

Die Cherubim haben vier Gesichter, und diese ihre Gesichter sind die Abbilder der Heilsrichtung des Sohnes Gottes.«

Möglicherweise ist es auf diese Äußerung des Kirchenvaters Irenäus zurückzuführen, daß wir gerade in der Provence so oft den Tetramorph in der Vierung der Kirchen dargestellt finden.

Die Beziehung des Tetramorph auf die vier Evangelisten ist zwar dem 1. christlichen Jahrtausend eigen, die Symbole selbst aber in ihrer Doppelnatur sind offenbar sehr viel älter, wahrscheinlich assyrisch-babylonischen Ursprungs.

Wurden sie in die europäische darstellende Kunst übernommen, so darf nie vergessen werden, daß grundsätzlich und immer die Themen den Künstlern von der Geistlichkeit vorgeschrieben, niemals aber dem Bildhauer oder Maler überlassen wurden.

Wir begegnen hier also sehr alten, von Priestern und Propheten verschiedener Religionen übernommenen Sinnbildern, deren letzte erst die Deutung der ›Viergestalt‹ als christliche Evangelistensymbole sind. Vierflügelige Geistwesen, die an den ›vier Ecken der Welt‹ ihren Platz als Himmelsträger haben, von denen jedes einen Teil der vierfachen Botschaft verkündet: der heute sogenannte ›Engel‹ die Menschwerdung Christi, der Löwe seine Allmacht, der Stier seinen Opfertod und der Adler seinen geistigen Höhenflug und damit den Heiligen Geist. Das Christentum ordnete dann den ›Menschen‹ dem Matthäus zu (Abb. 16), der über den Stammbaum Jesu berichtete; den Löwen dem Markus, der die stimmgewaltige Predigt Johannes des Täufers schildert, den Stier, d.h. das Opfertier alter Zeiten, dem Lukas, dessen Evangelium mit dem Opfer des Priesters Zacharias am Altar beginnt, und den Adler dem Johannes, dessen Schriften zeigen, daß sein Geist »höher fliegt als die anderen«.

Alle vier dieser Symbole sind geflügelt, oft mit vier Flügeln wie die Cherubim, manchmal mit sechs wie die Seraphim, gehören also der höchsten ›Engelsregion‹ an. Gregor der Große, dieser bedeutende Papst (590–604), hat noch eine andere Sinngebung vorgeschlagen. Danach stünde:

Matthäus für die Menschwerdung Christi,
Lukas für den Opfertod Christi,
Markus für die Auferstehung,
Johannes für die Himmelfahrt.

Die Einfügung des Tetramorph in den Bau einer christlichen Kirche enthält also in Kurzform ihr ganzes geistiges Programm.

Der Engelsturz

»In der Tat bezeugt uns die Heilige Schrift die Existenz von rein geistig geschaffenen Wesen, von Engeln, die sich in ihrer überragenden Intelligenz und Freiheit gegen Gott auflehnen, ihn als einen eifersüchtigen Gott verleumden und versuchen, ihm ständig entgegenzuwirken. Dadurch verraten diese Engel ihr hohes Wesen; sie fallen in die Tiefe, ins Dunkel der Unwahrheit, in die Gegenwelt der Hölle. Einen dieser gefallenen Engel, Satan, nennt der Evangelist Johannes den ›Vater der Lüge‹ (Johannes 8,44), weil er in seiner grundsätzlichen Ablehnung und Verfälschung Gottes nun auch allen anderen Geschöpfen, vor allem dem Menschen, das Antlitz Gottes verzerren möchte. Satan lädt den Menschen ein, sich von jenem ›Joch‹ zu befreien, das Gott für seine Freiheit darstelle, und selbst ›Gott‹ zu werden. Die Heilige Schrift bezeugt deutlich die reale, wenn auch begrenzte Macht, die Satan und seine Mitengel als Versucher, Verleumder und Verwirrer auf uns Menschen und unsere Geschichte ausüben. Dabei wäre es sein größter Erfolg, wenn möglichst viele Menschen, weil sie sich für aufgeklärt halten, seine Existenz leugneten. Sein Ziel ist es gerade, den Menschen zu einer Scheinfreiheit zu führen, die sich dann als leere Lüge herausstellt.«

In einer zweiten Glaubensunterweisung über »die Wahrheit von der Existenz böser Geister, die wir Satan oder Teufel nennen«, heißt es dann: »Nach dem Glauben der Kirche ist die Macht Satans nicht unbegrenzt. Er kann zwar viel Unheil anrichten. Aber auch sein Wirken unterliegt letztlich Gottes Vorsehung und Heilsratschluß und hat deshalb indirekt sogar dem Aufbau des Reiches Gottes zu dienen. Der Sieg Christi durch Tod und Auferstehung ist vor allem der Sieg über den »Fürsten dieser Welt‹ (Johannes 12,31).«

Dies sind zwei wörtliche Zitate aus in deutscher Sprache gehaltenen Predigten von Papst Johannes Paul II. im Sommer 1986, ist also verbindliches Glaubensgut der katholischen Kirche, entspricht aber auch dem, was die Menschen des frühen Mittelalters jahrhundertelang lebhaft bewegte.

Fratzenhaft entstellt und Grauen erregend gehören Dämonen zum Engelsbild der romanischen Zeit (Abb. 54 ff.). Die Bedrohung durch sie wurde ebenso stark empfunden wie die Heilsversprechen der Engelsverkündigungen. Insofern ist der Engel auch der ›Retter‹, nicht nur der ›Bote‹, sondern ebenso Handelnder, Verteidiger Gottes, dem – noch nicht! – das ganze Weltall gehört, sondern einzig das dem Teufel Abgerungene. Hier spielen vermutlich östliche Vorstellungen von der Polarität ›gut‹ – ›böse‹ hinein, wonach nicht *eine* alles lenkende und beherrschende Macht wirkt, sondern ein bis zum Jüngsten Tag währender Kampf zwischen positiven und negativen Mächten, der erst im Großen Weltgericht am ›Ende der Tage‹ mit dem Sieg des Erlösers abschließt.

Wie nun aber – die Allmacht eines gütigen Schöpfers angenommen – wäre es zu verstehen, daß es teuflische Mächte, die ihn bekämpfen, überhaupt gibt? Die Bibel bietet keine Erklärung dafür, in der Schöpfungsgeschichte ist weder die Entstehung böser noch guter Geister behandelt, erst spätere Legendenbildung spricht von ihnen, als sei ihr Dasein von jeher bekannt gewesen. Die Religionen der Nachbarn des jüdischen Volkes, die Einflüsse Mesopotamiens, Ägyptens, Griechenlands und Roms mögen das Ihre zum Glauben an diese Art zwischenweltlicher Wesen beigetragen haben. Doch war damit nicht erklärt, wie das Böse in die Welt kam, dessen Existenz sich stets aufs neue bestätigte. Ein guter Gott konnte nur gute Menschen und gute Engel schaffen.

Was lag nun näher, als unter der Schar der Lichtwesen, die aus der Hand des Allmächtigen hervorgegangen waren, einen oder auch viele Abtrünnige zu erdenken, Revolutionäre,

Widersacher, Aufständische gegen ihren Schöpfer, die sich die Herrschaft über die Welt anzumaßen trachteten? Spätjudentum und frühes Christentum glaubten fest an einen Engelaufruhr gegen Gott und an den Sturz eines ›Teils der Engel‹ unter Luzifer, dem Engelsführer und Morgenstern, der die Menschen, das ›Ebenbild Gottes‹, mit seinem Versprechen »Ihr werdet sein wie Gott« zum Bösen verführte. Ein Wort, das Jesaja (14,11–13) im Blick auf Babylons Fall zugeschrieben wird, wurde später auf Luzifer bezogen, der aus einem ›Lichtträger‹ zum ›Fürsten der Finsternis‹ geworden war:

»Wie bist du vom Himmel gefallen, du schöner Morgenstern! Wie dachtest du doch in deinem Herzen: ich will in den Himmel steigen und meinen Thron über die Sterne Gottes erheben. Ich will über die hohen Wolken fahren und gleich sein dem Allerhöchsten? Ja, zur Hölle fuhrst du, zur tiefsten Grube.«

Der Teufel, ein gefallener und damit von Gott verstoßener Engel, war geschaffen. Daß er so aus einer Lichtgestalt zum Häßlichsten, ja, zum Abscheulichsten aller Wesen wurde, schien selbstverständlich. Die Hölle, nicht Gottes, sondern des Teufels, seines Widersachers, Werk, wurde für diesen und die mit ihm Verfluchten als Aufenthaltsort erdacht, ein Ort des Schreckens, in den die grauenhafte Schar die sündig gewordenen Menschen nach ihrem Tod schleppte, um sie auf gräßliche Weise zu martern (Abb. 59).

Dem Christentum blieb es vorbehalten, statt der bleichen Schattenwelt der Antike, statt der Unterwelt der Völker des Orients und Ägyptens, in der es Sühne für Schuld nur in matten Umrissen gab, fürchterliche Qualen für den neugeschaffenen Begriff der Sünde zu ersinnen. In romanischer Zeit hat das Höllenthema einen breiten Raum in der Phantasie der Menschen eingenommen und ist in zahllosen Varianten auf Kapitellen, im Jüngsten Gericht und auf Fresken dargestellt worden (Abb. 54, 57 ff.).

Der Kampf zwischen Engeln als Dienern Gottes und Dämonen als ihren Feinden wurde, obwohl ein in der Bibel kaum gestreiftes Thema, zu einem der wesentlichsten des Mittelalters (Abb. 42, 43, 48).

Daß dabei uralte Motive aus den halb vergessenen Mythen benachbarter und untergegangener Völker wieder mitauflebten, konnte nicht ausbleiben. Insofern ist es bei der Betrachtung romanischer Plastik in Frankreich durchaus sinnvoll, sich anhand unserer Karte (s. S. 137) darüber zu informieren, aus welchen Ländern die Mönche kamen, die das Christentum in die einzelnen Teile des römischen Galliens trugen und dort verbreiteten.

54–63 Gefallene Engel, geflügelte Wesen ▷

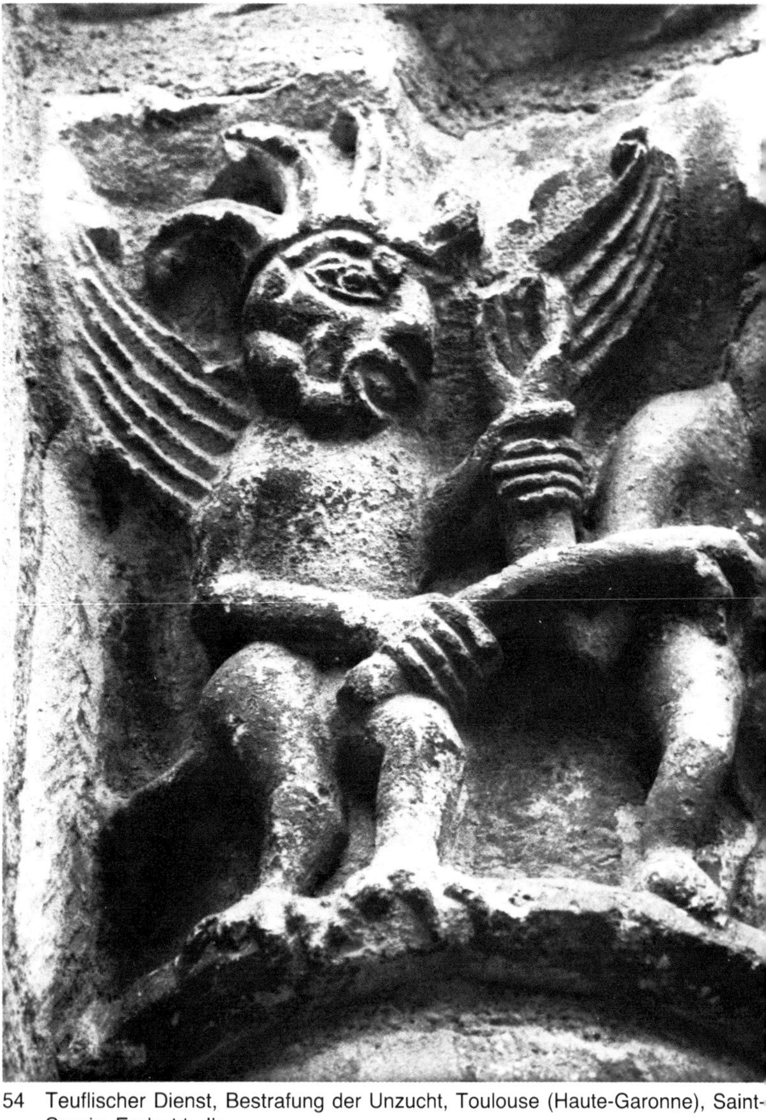

54 Teuflischer Dienst, Bestrafung der Unzucht, Toulouse (Haute-Garonne), Saint-Sernin, Ende 11. Jh.

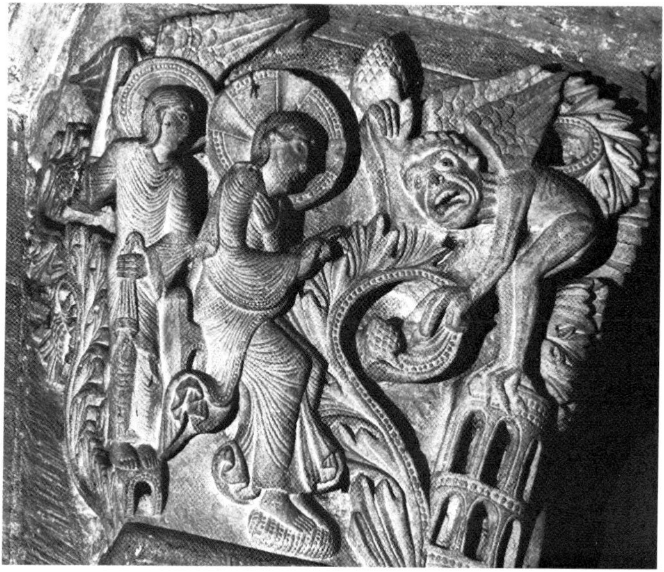

55 Versuchung Christi, Autun (Saône-et-Loire) Saint-Lazare, erste Hälfte 12. Jh.

56 Versuchung Christi, Saulieu (Côte-d'Or), Saint-Andoche, um 1100

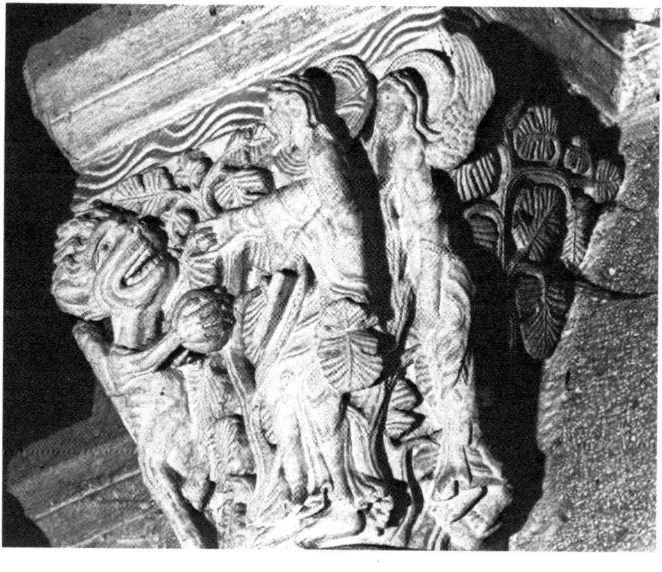

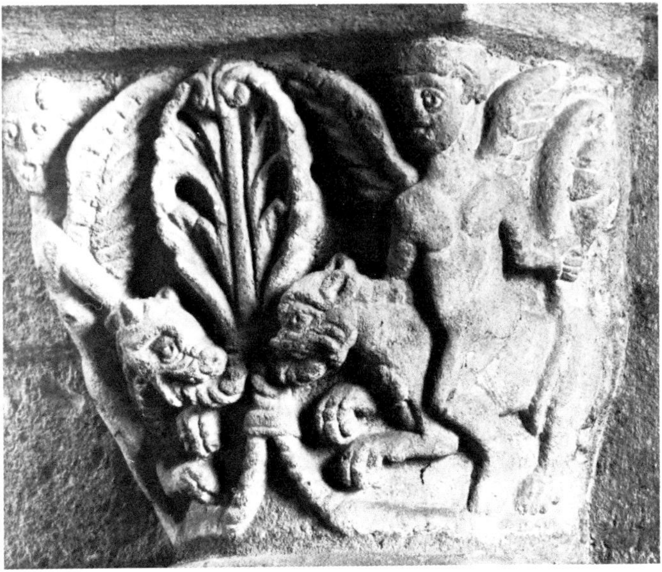

57, 58 Abtrünnige Engel, Brioude (Haute-Loire), Saint-Julien, Ende 11. Jh.

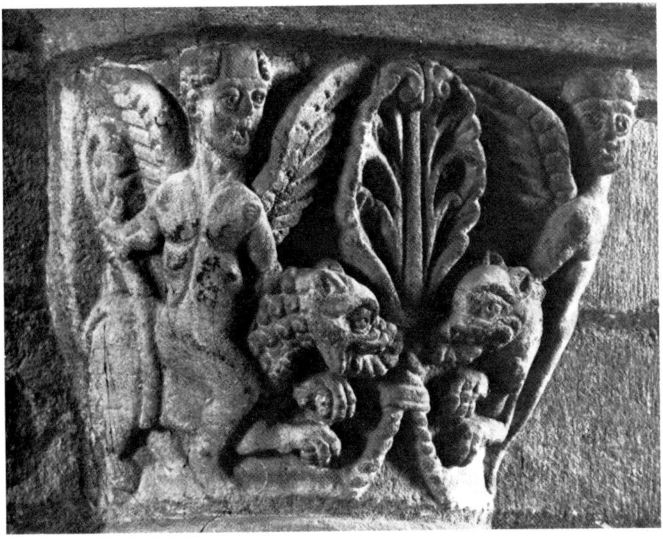

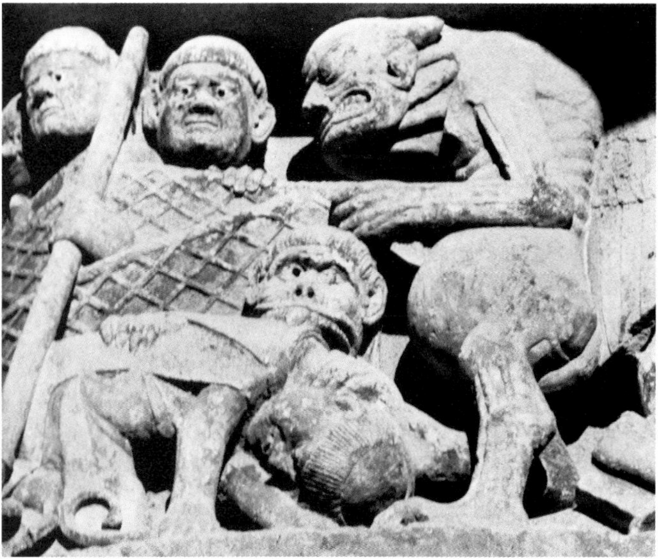

59 Höllenszene, Conques (Aveyron), Sainte-Foy, 12. Jh.

60 Anbetung des Goldenen Kalbes, Autun (Saône-et-Loire), Saint-Lazare, erste Hälfte 12. Jh.

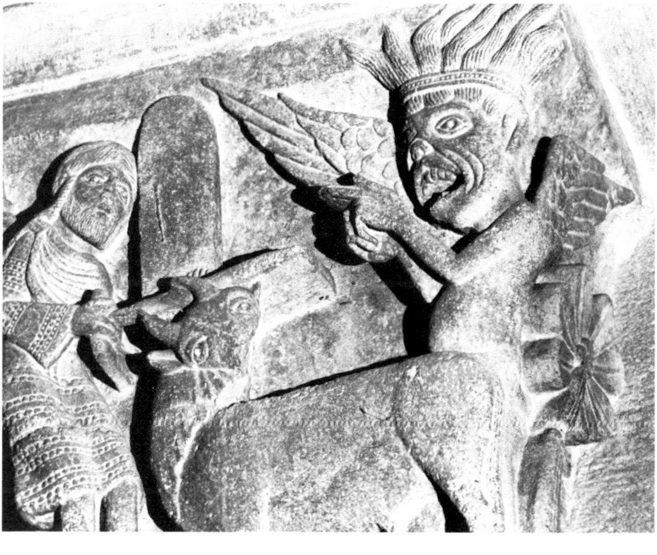

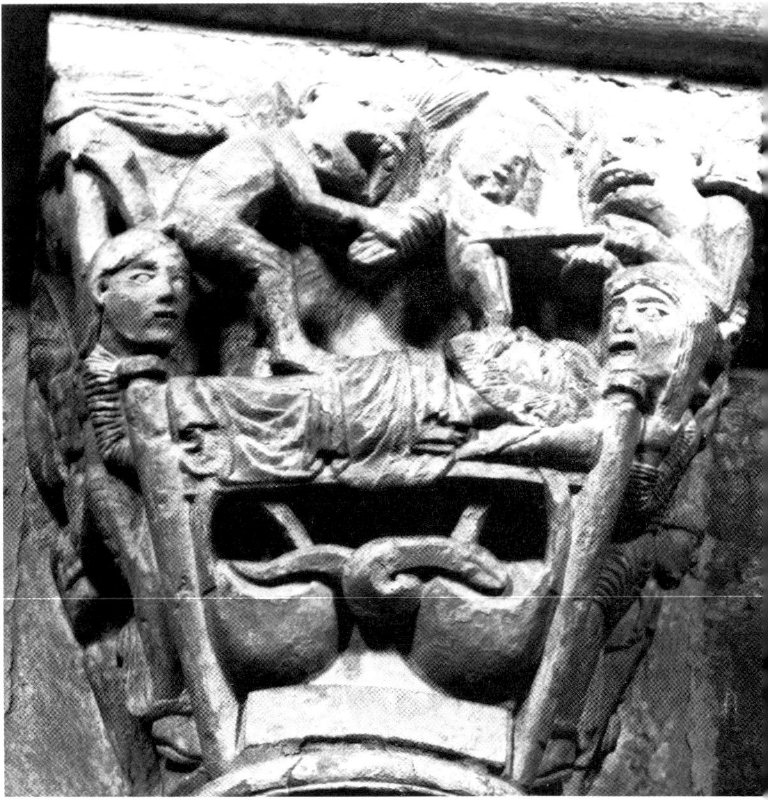

61 Tod des reichen Mannes aus der Lazarus-Legende, Vézelay (Yonne), Sainte-Madeleine, erste Hälfte 12. Jh.

»Der reiche aber starb auch und ward begraben. Als er nun in der Hölle und in der Qua
war ...« (Lukas 16, 19ff.)

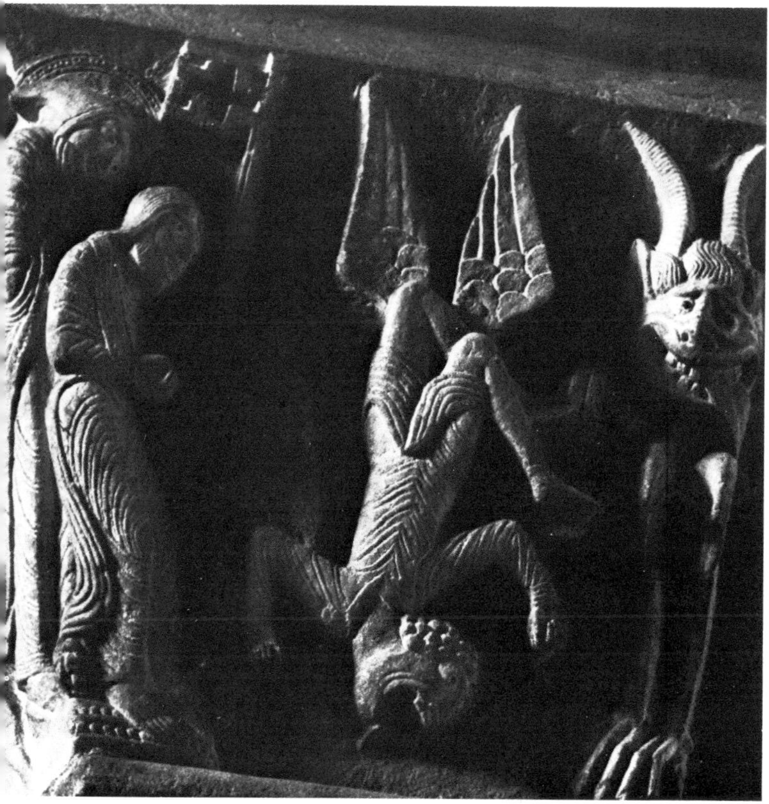

62 Sturz Simons des Magiers, Autun (Saône-et-Loire), Saint-Lazare, erste Hälfte 12. Jh.

»Daß du verdammt werdest mit deinem Gelde, daß du meinest, Gottes Gabe werde durch Geld erlanget.« (Apostelgeschichte 8,9–25)

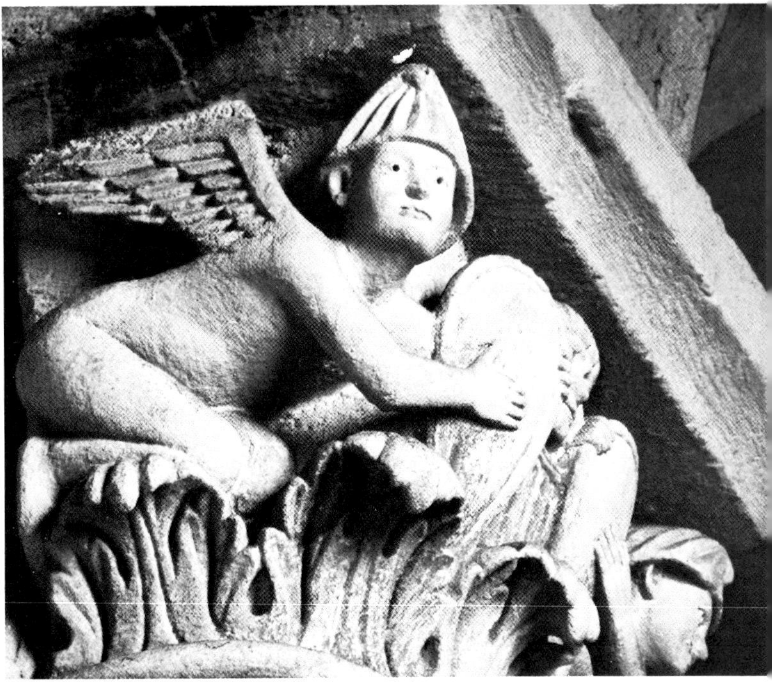

63 Siegesgöttin mit mandelförmigem Schild, Mozac (Puy-de-Dôme), 12. Jh.

Der Jüngste Tag und die Glorie Gottes

In der grandiosen Schilderung der Offenbarung Johannis heißt es (vgl. Abb. 87–89):

»7,1 Und danach sah ich die vier Engel stehen auf den vier Ecken der Erde, die hielten die vier Winde der Erde, auf daß kein Wind über die Erde bliese, noch über das Meer, noch über irgend einen Baum.

7,2 Und ich sah einen anderen Engel aufsteigen vor der Sonne Aufgang, der hatte das Siegel des lebendigen Gottes und schrie mit großer Stimme zu den vier Engeln, welchen gegeben war, zu beschädigen die Erde und das Meer;

7,3 und er sprach: Beschädigt die Erde nicht, noch das Meer, noch die Bäume, bis daß wir versiegeln die Knechte unseres Gottes an ihren Stirnen.«

Hier wird es als Aufgabe der Engel angesehen, die Auserwählten, zuerst die jüdischen Stämme, dann »die große Schar, welche niemand zählen konnte, aus allen Heiden und Völkern und Sprachen« auszuwählen, die »versiegelt« wurden und die der Prophet sah »vor dem Stuhl stehend vor dem Lamm, angetan mit weißen Kleidern und Palmen in den Händen«. Danach beginnen »die sieben Engel, die da stehen vor Gott«, die Posaunen zu blasen und mit ihrem Schall ein Drittel der Erde zu zerstören und »ein Drittel der Kreaturen«.

Das frühe Mittelalter hat die Szenen der Apokalypse des Johannes, die um das Jahr 96 n. Chr. entstanden ist, immer wieder in seinem Sinn abgewandelt, wobei sehr viel ältere Überlieferungen aus anderen Religionen und Erdteilen in die Vorstellung vom Jüngsten Gericht eingeflossen sind, u. a. das Bild der Seelenwaage aus dem Ägyptischen (Abb. 36ff.).

Die Beschäftigung mit dem Weltende war um so eindringlicher und häufiger, als man es allgemein im Jahre 1000 erwartete. Seine Schilderung wurde gewöhnlich an die Westfront der Kirchen verlegt, die so dem Tod und dem, was nach ihm geschehen würde, vorbehalten blieb.

In Conques ist auf dem linken Türsturz die Mahnung eingemeißelt:

»O PECCATORES TRANSMUTETIS NISI MORES JUDICIUM DURUM VOBIS SCITOTE FUTURUM.

O ihr Sünder, wenn ihr euren Lebenswandel nicht ändert, wisset, daß euch ein strenges Gericht bereitet ist.«

Immer wieder sehen wir über französischen romanischen Kirchenportalen die Engel zur Auferstehung blasen (Abb. 40ff.). In Martel (Poitou) und in Conques sehen wir die Gräber sich öffnen und Engel den Erwachenden aus den Särgen hinaushelfen, um sie dem Erzengel Michael zuzuführen, der jede Seele auf seiner Waage wiegt (Abb. 36ff.) – ein Motiv, das von dem ägyptischen Anubis beziehungsweise dem Osiris auf ihn übertragen worden ist. Teufel hängen sich an diese Seelenwaage, um die Schuldlast des Gewogenen zu beschweren, doch Michael entscheidet: Engel führen die Seligen, die immer bekleidet sind, vor Gottes Thron oder in Abrahams Schoß und überlassen die Sünder nach dem Urteilsspruch den Qualen der Hölle, nackt und von Ungeziefer und Folterinstrumenten gepeinigt.

Für die Schilderung des Jüngsten Gerichts haben die großen Künstler des Mittelalters immer wieder ihre ganze Gestaltungskraft eingesetzt, und die Geistlichkeit, die ja stets die Themen der Bildwerke vorschrieb, hat dies offenbar auch gefordert und erwartet und die bedeutendsten Meister für diese Arbeit am Bau gesucht und eingesetzt. Dies Thema stellte an sich schon in diesen Jahrhunderten das bedeutendste, ja, das Zentralthema der geängstigten, von Tod und

Sterblichkeit ständig bedrohten Menschen dar, und die Auseinandersetzung mit ihm war für sie, deren Lebenserwartung kaum die Hälfte der unsrigen betrug, allzeit eine brennende, jede Seele belastende Frage. So dürften die bedeutenden Darstellungen an den Kirchenportalen der Westfront in Vézelay, Autun, Conques und vielen anderen als eine ständige Mahnung und als Aufforderung zur Gewissensschärfung empfunden worden sein, selbst an kleineren Kirchen und Kapellen, wo etwa nur ein hl. Michael den Drachen des Bösen niederwarf und tötete (Abb. 27).

Hier in der Darstellung dessen, was jeder gläubige Christ als Hoffnung oder Drohung für das Ende seines irdischen Lebens vor sich sah, was er ersehnte oder fürchtete, auch ersehnen und fürchten sollte, war die Gegenwart der Engel unerläßlich. Hier vollendeten sie ihren Dienst, indem sie Christi Himmelfahrt umschwebten, seine Mutter dem Himmel entgegentrugen, in Seligkeit vor ihrem Schöpfer knieten, verehrend die Mandorla hielten, in der Gottvater, Christus oder das Lamm thronten und sie anbetend und demütig umgaben, selig, nur noch Schönheit, Verehrung, Erhebung und Geist, von allem Irdischen, dem sie einmal wegweisend gedient hatten, zu nie endendem Heil befreit (Umschlagbild; Farbt. 11; Abb. 68ff.).

Welche Aufgaben für die großen namenlosen Künstler jener Jahrhunderte, dies gültig darzustellen, welch Glück, jenen gelassen ernsten Engel (Abb. 20) geschaffen zu haben, der den Frauen am Grabe Christi verkündet: »Er ist auferstanden.«

64–95 Das himmlische Gefolge, Dienste der Engel ▷

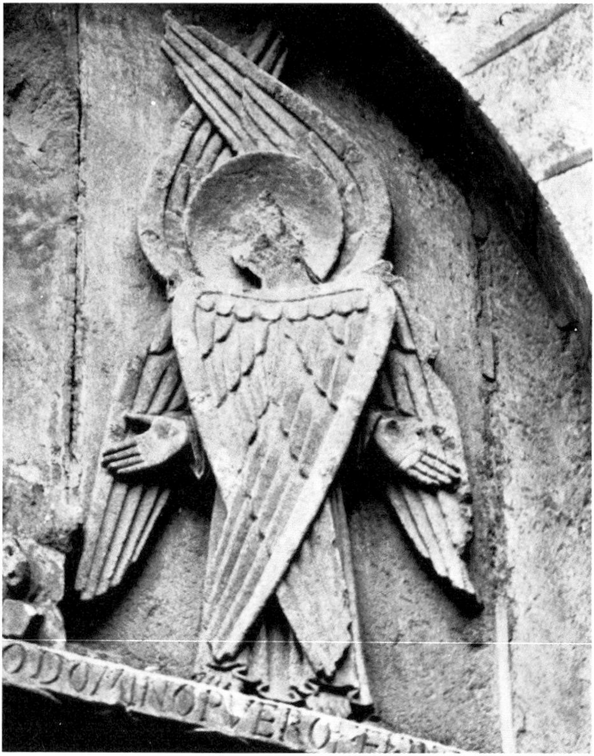

64 Seraph, Clermont-Ferrand (Puy-de-Dôme), Notre-Dame-du-Port

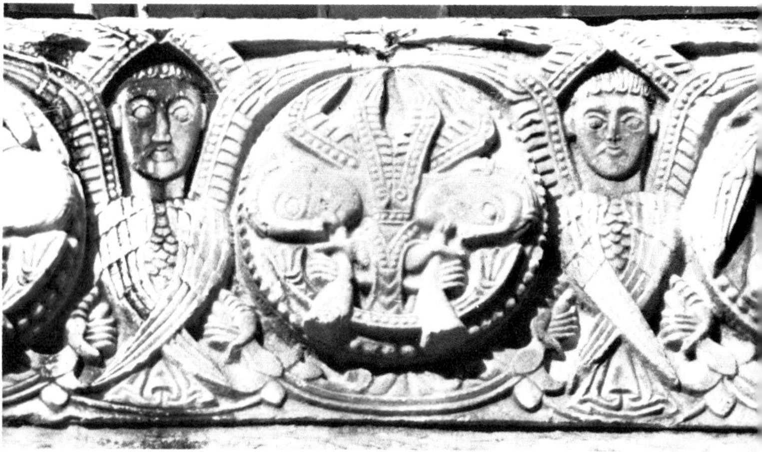

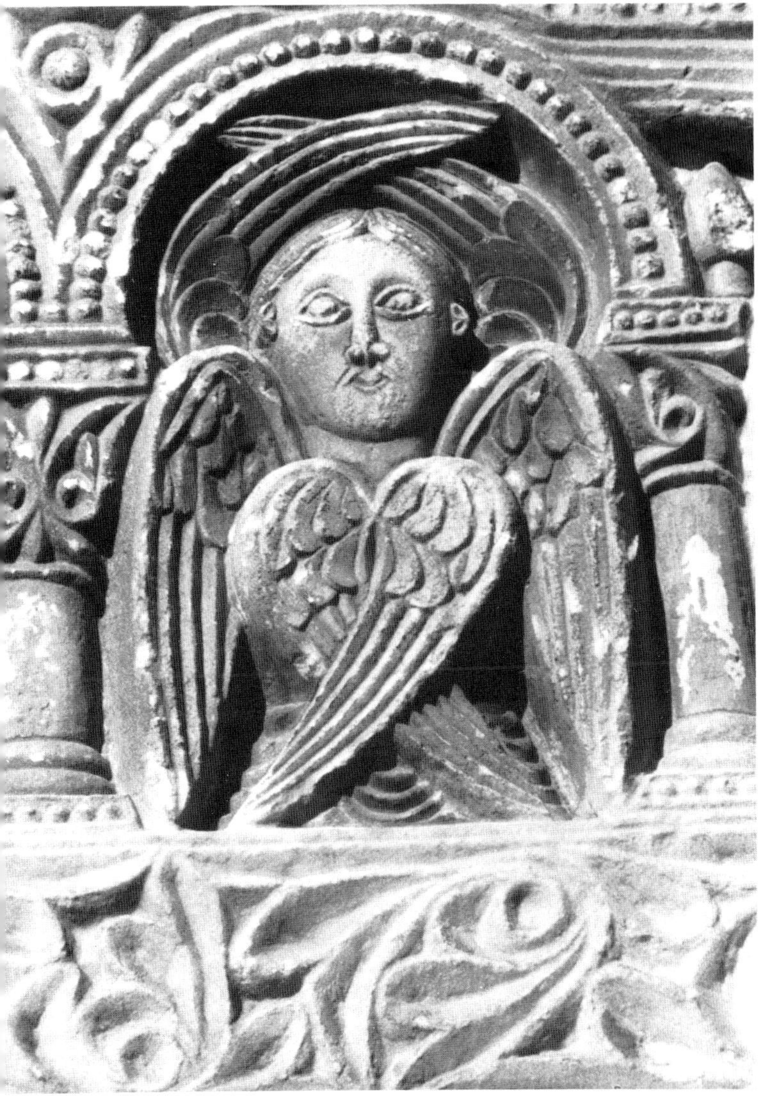

;6 Seraph, Saint-André-de-Sorède (Pyrénées-Orientales), 11. Jh.

◁

5 Seraphim und Posaune blasende Engel, Saint-André-de-Sorède (Pyrénées-Orientales), erste Hälfte 11. Jh.

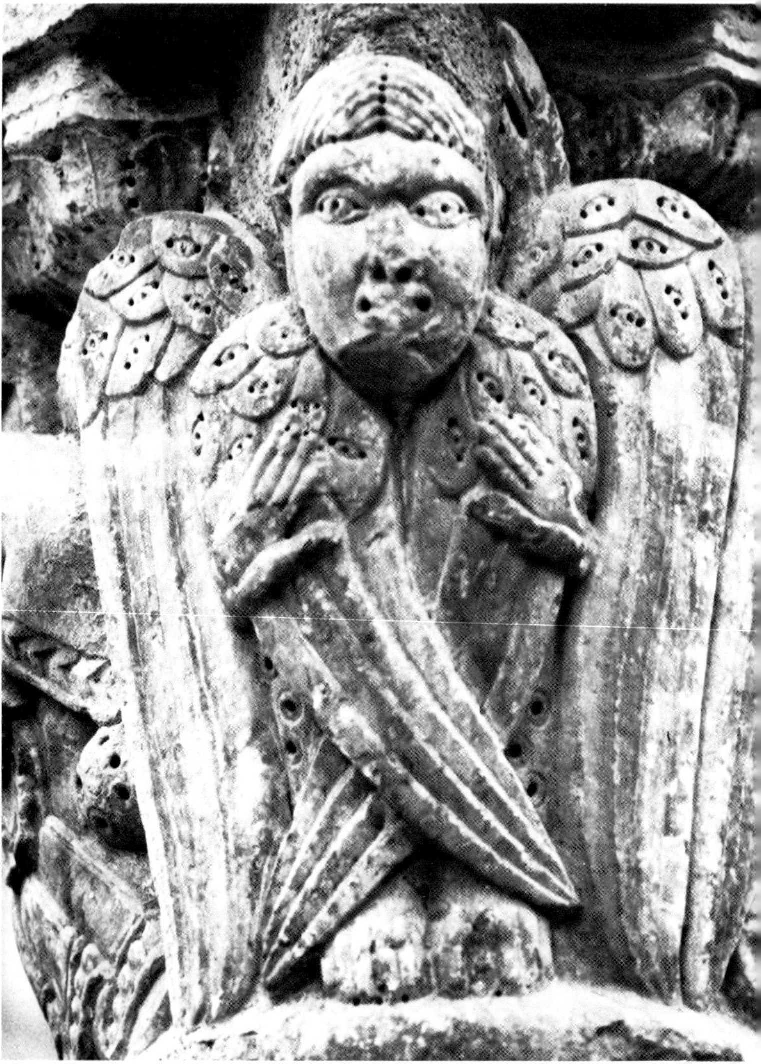

67 Cherub, Saint-Michel-de-Cuxa (Pyrénées-Orientales), 12. Jh.

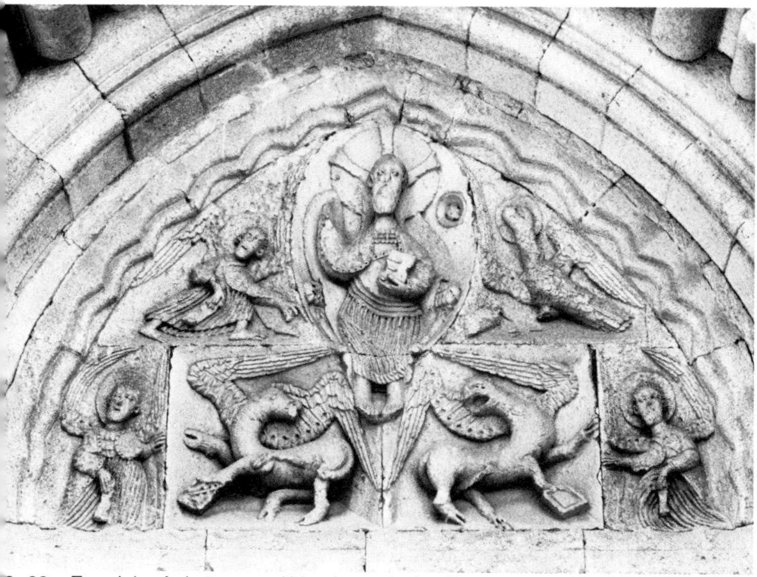

8, 69 Engel der Anbetung und Verehrung in den Tympana von Ganagobie (Basses-Alpes) und Corneilla-de-Conflent (Pyrénées-Orientales), 12. Jh.

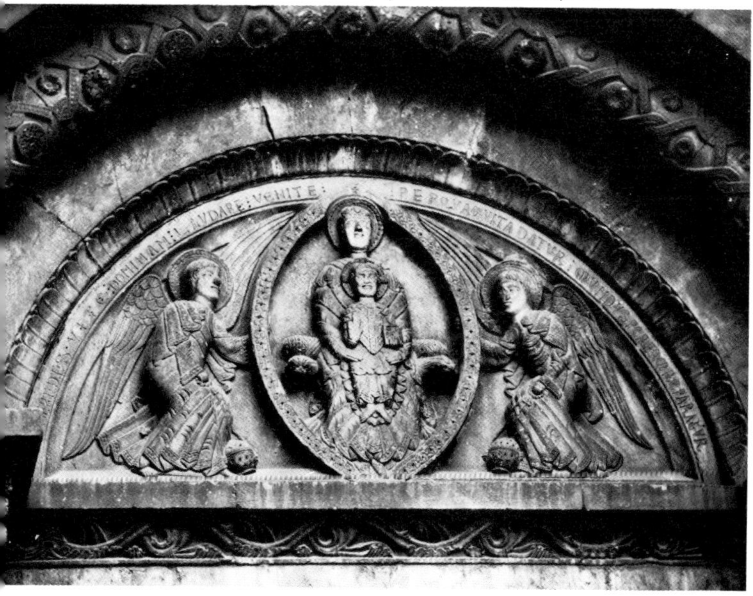

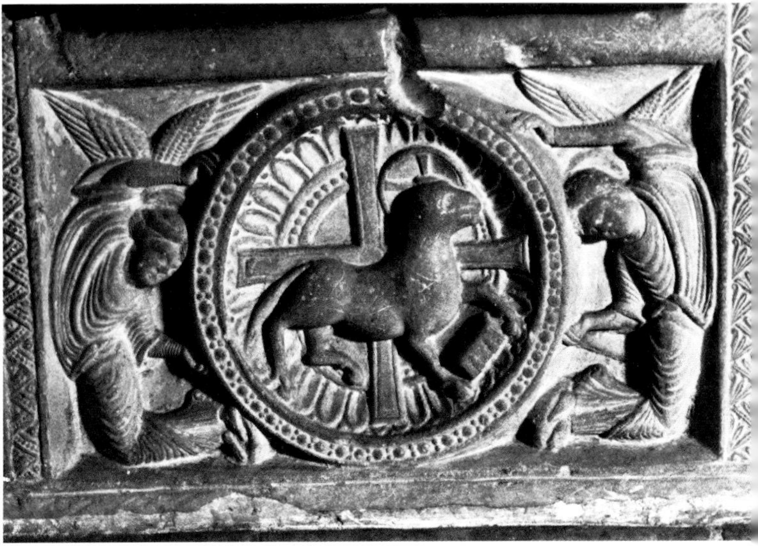

70 Anbetung des Lammes, Saint-Junien (Haute-Vienne), Sarkophag des St-Junie
12. Jh.

72 Engel, die Mandorla haltend, Saint-André-de-Sorède (Pyrénées-Orientales), Tü
sturz, erste Hälfte 11. Jh.

71 Engel, die Mandorla haltend, Saint-Genis-des-Fontaines (Pyrénées-Orientale
Abteikirche, Türsturz, 1019–1020

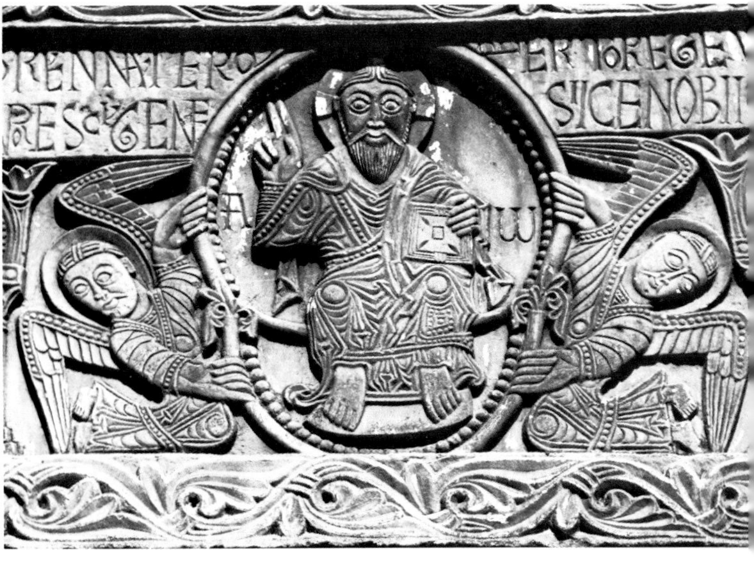

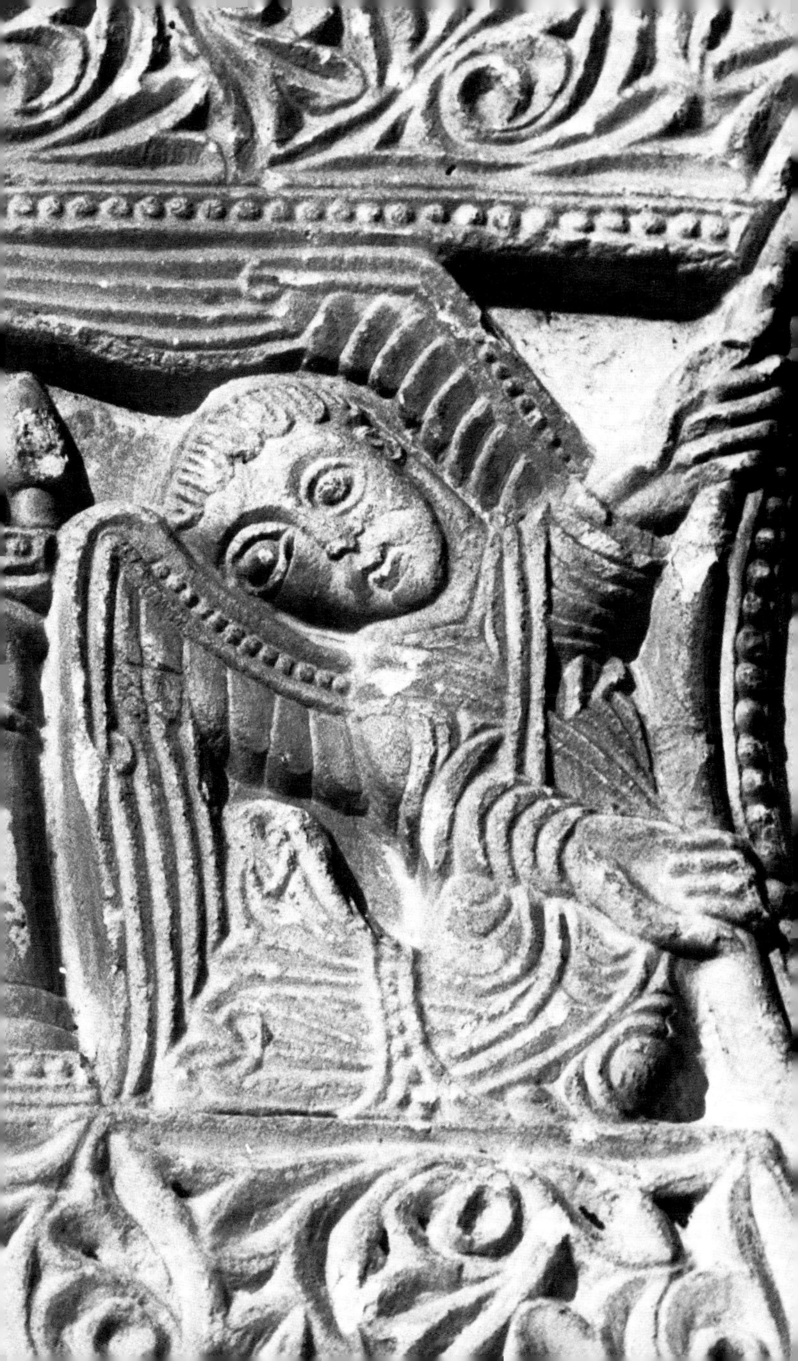

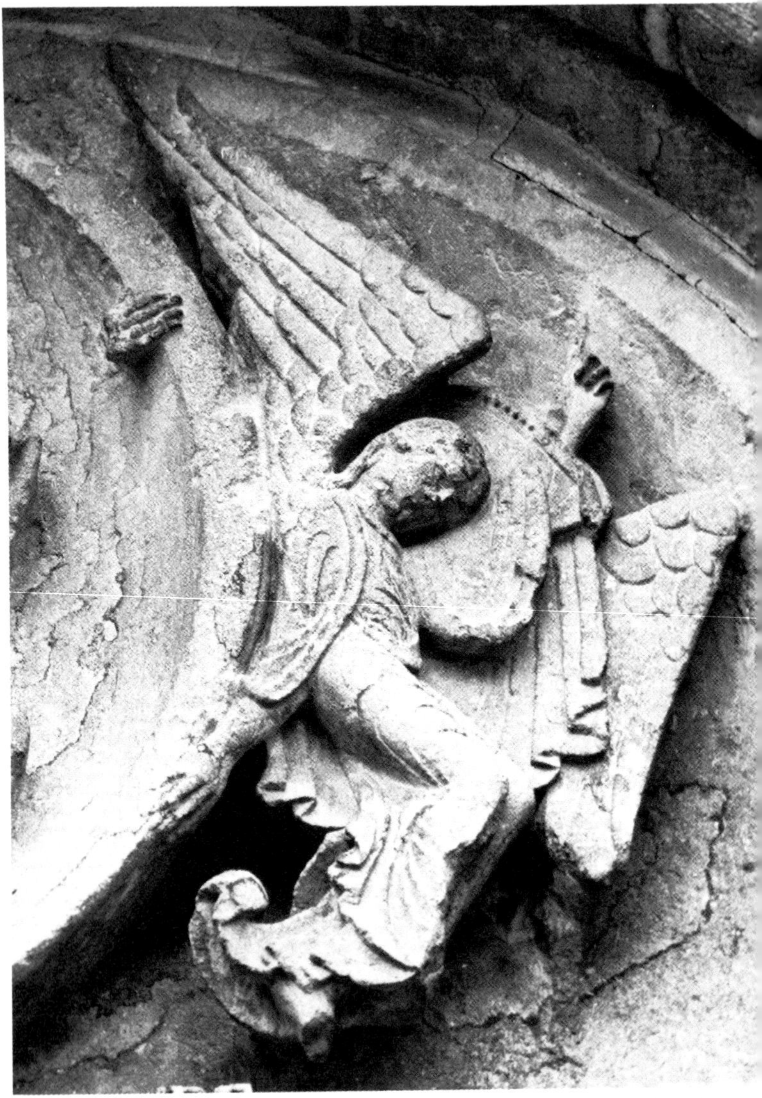

73 Engel der Himmelfahrt Christi, Montceaux-l'Etoile (Saône-et-Loire), Tympano
12. Jh.

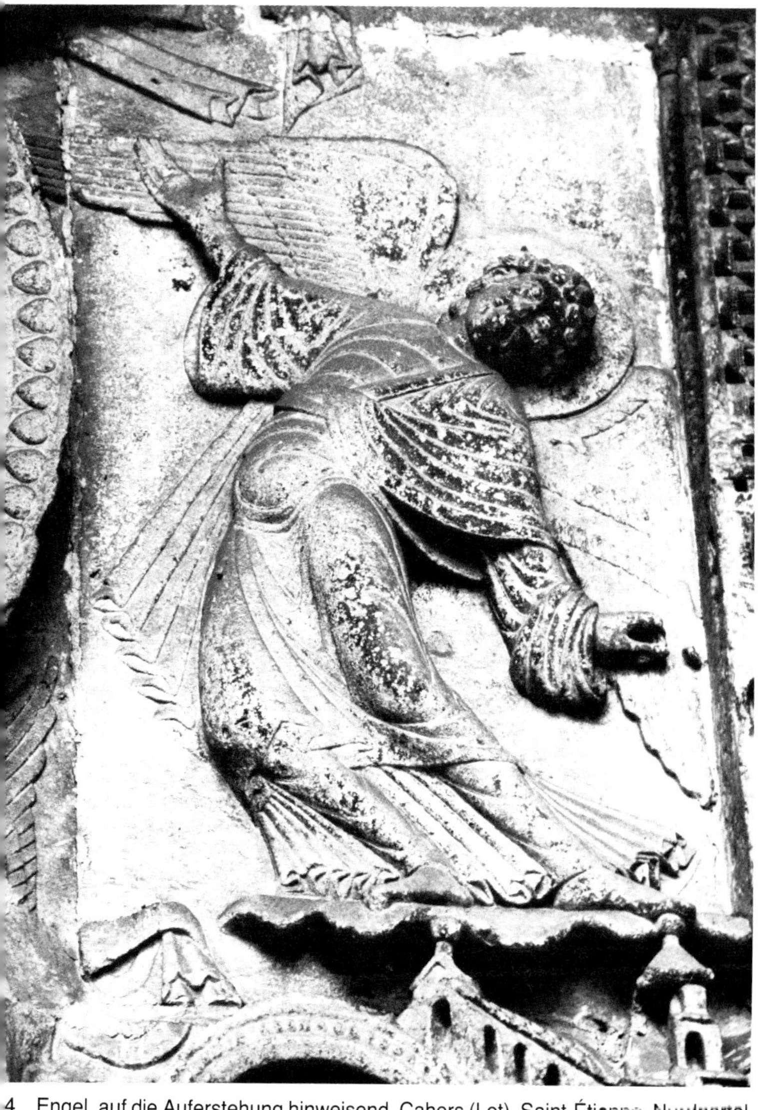

4 Engel, auf die Auferstehung hinweisend, Cahors (Lot), Saint-Étienne, Nordportal, um 1135

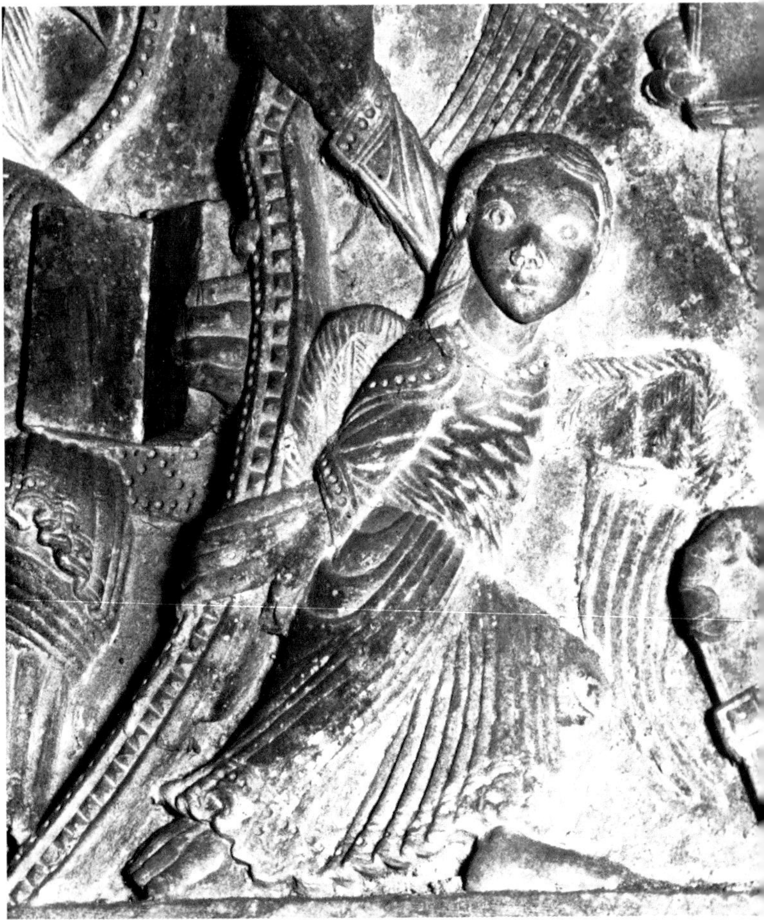

75 Engel der Anbetung, Barjols (Var), Dorfkirche, Tympanon, Ende 12. Jh.

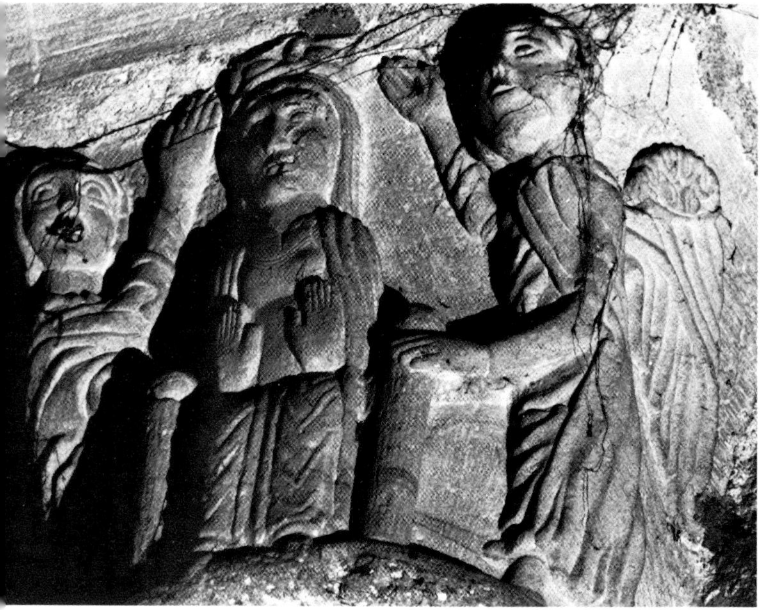

'6, 77 Engel, die Jungfrau anbetend, in Figeac (Lot), Saint-Sauveur, 12. Jh., und in Chartres (Eure-et-Loir), rechtes Tympanon des Westportals, Mitte 12. Jh.

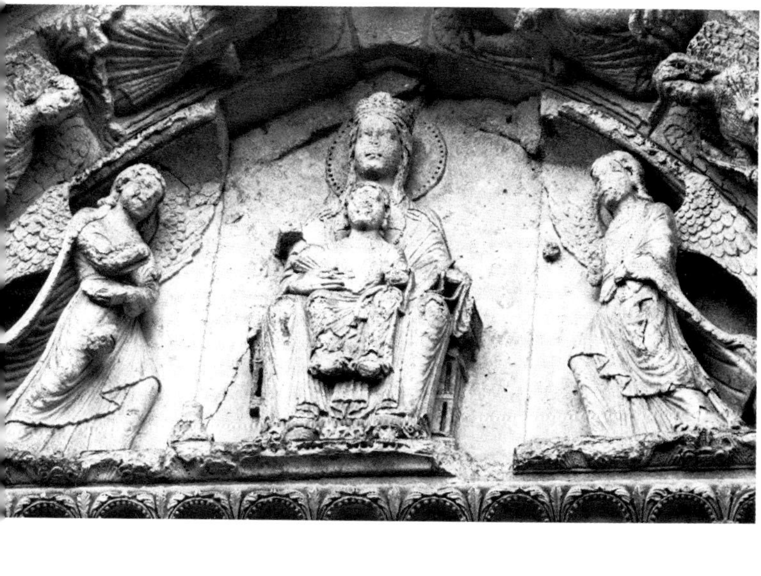

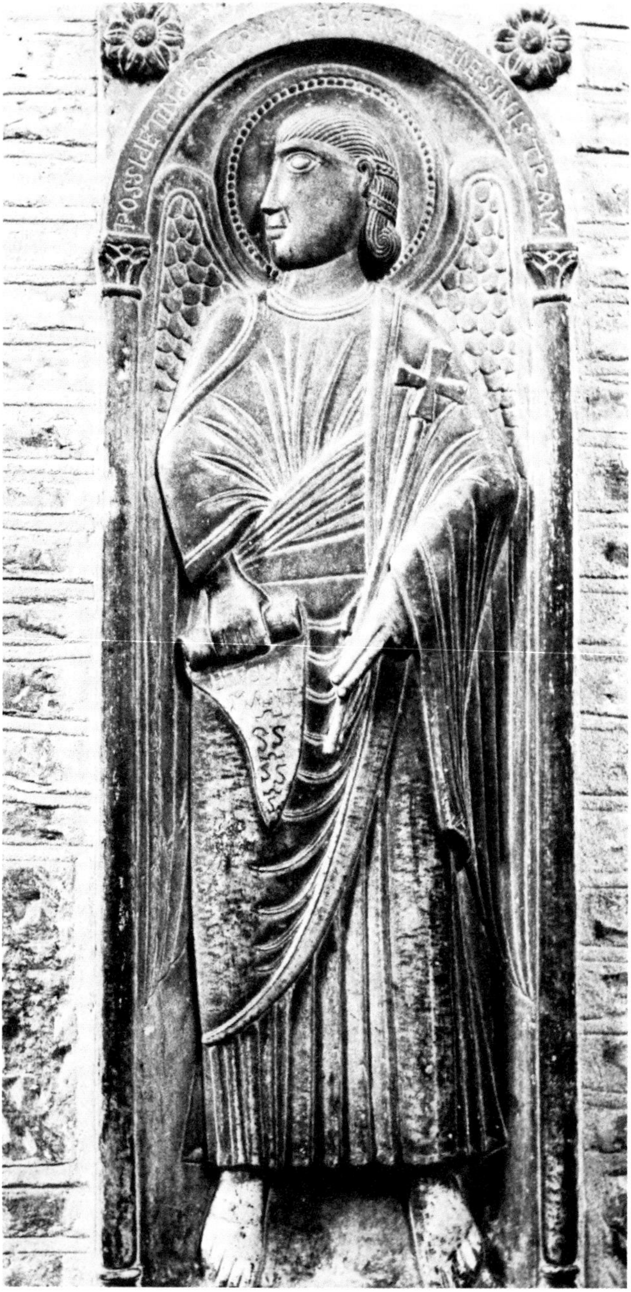

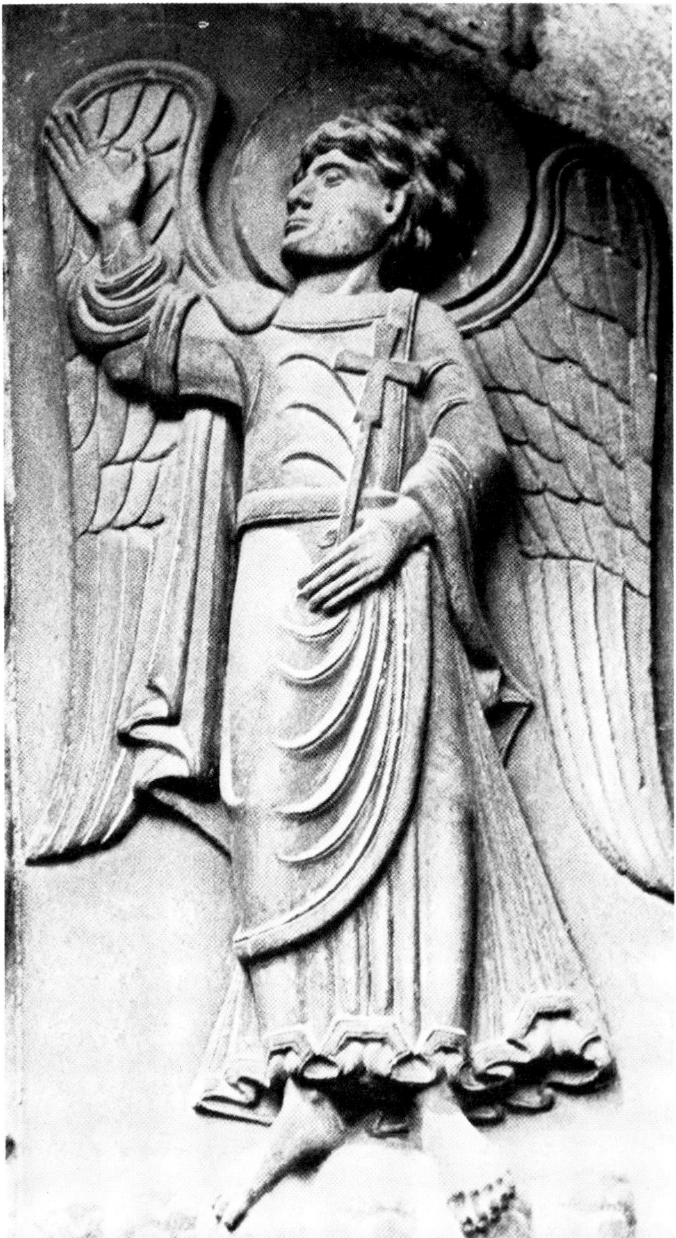

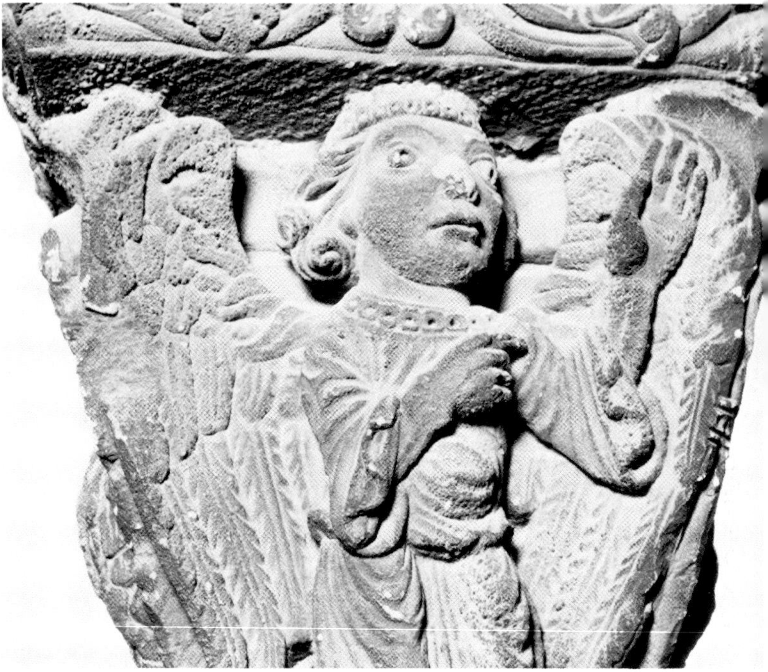

80 Engel der Anbetung, Arles (Bouches-du-Rhône), Saint-Trophime, Kreuzgang Mitte 12. Jh.

◁
78, 79 Engel der Verehrung, Toulouse (Haute-Garonne), Saint-Sernin, 12. Jh.

81 Christi Himmelfahrt, Arles (Bouches-du-Rhône), Saint-Trophime, Kreuzgang, Mitte 12. Jh. ▷

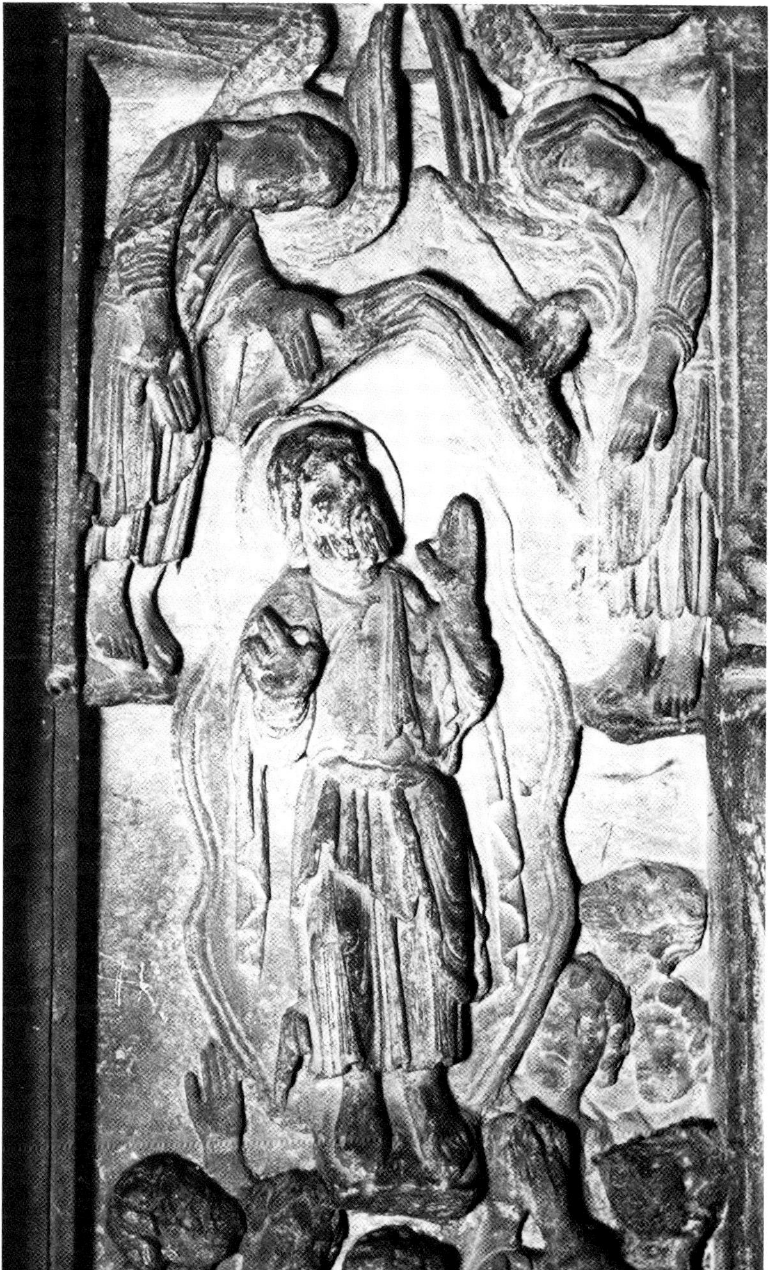

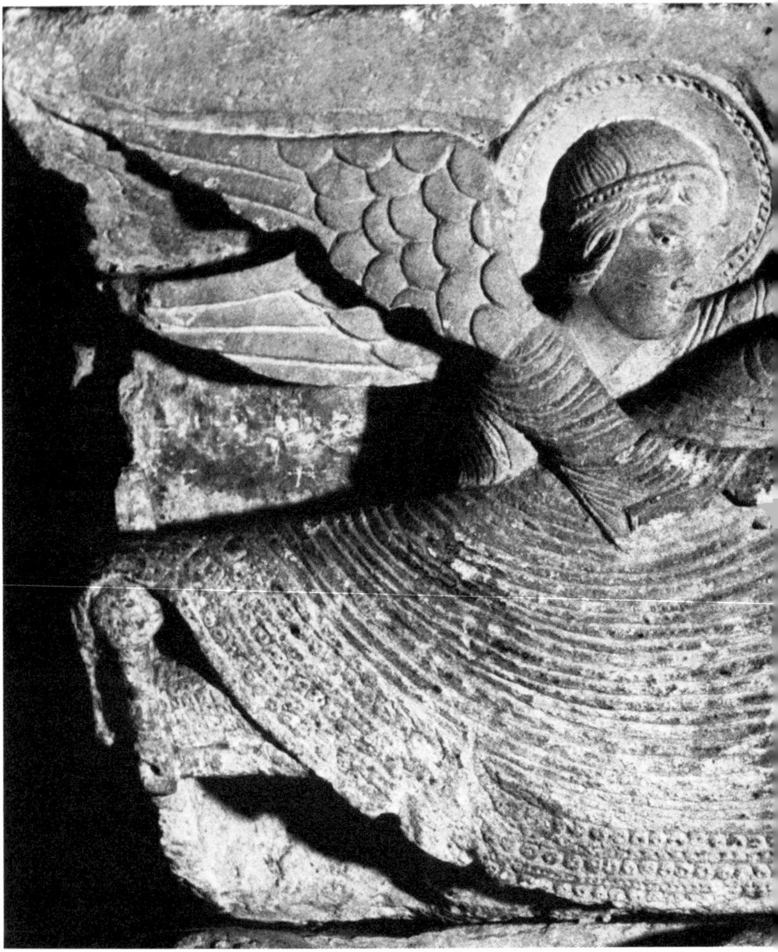

82 Engel weckt die Heiligen Drei Könige, Autun (Saône-et-Loire), Saint-Lazare, Kapitelsaal, erste Hälfte 12. Jh.

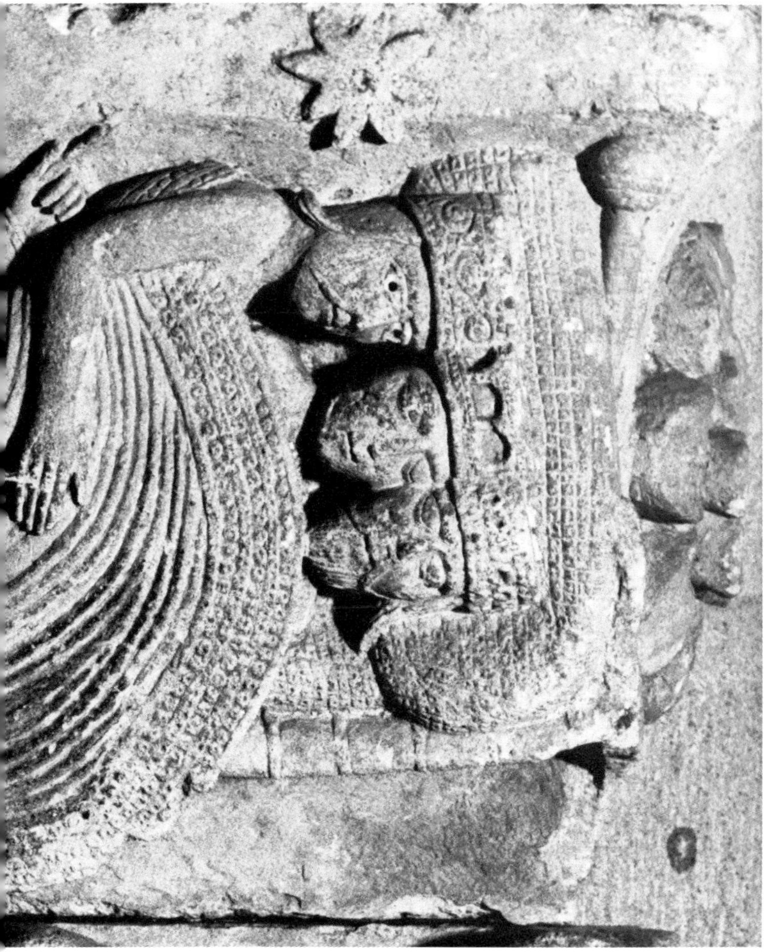

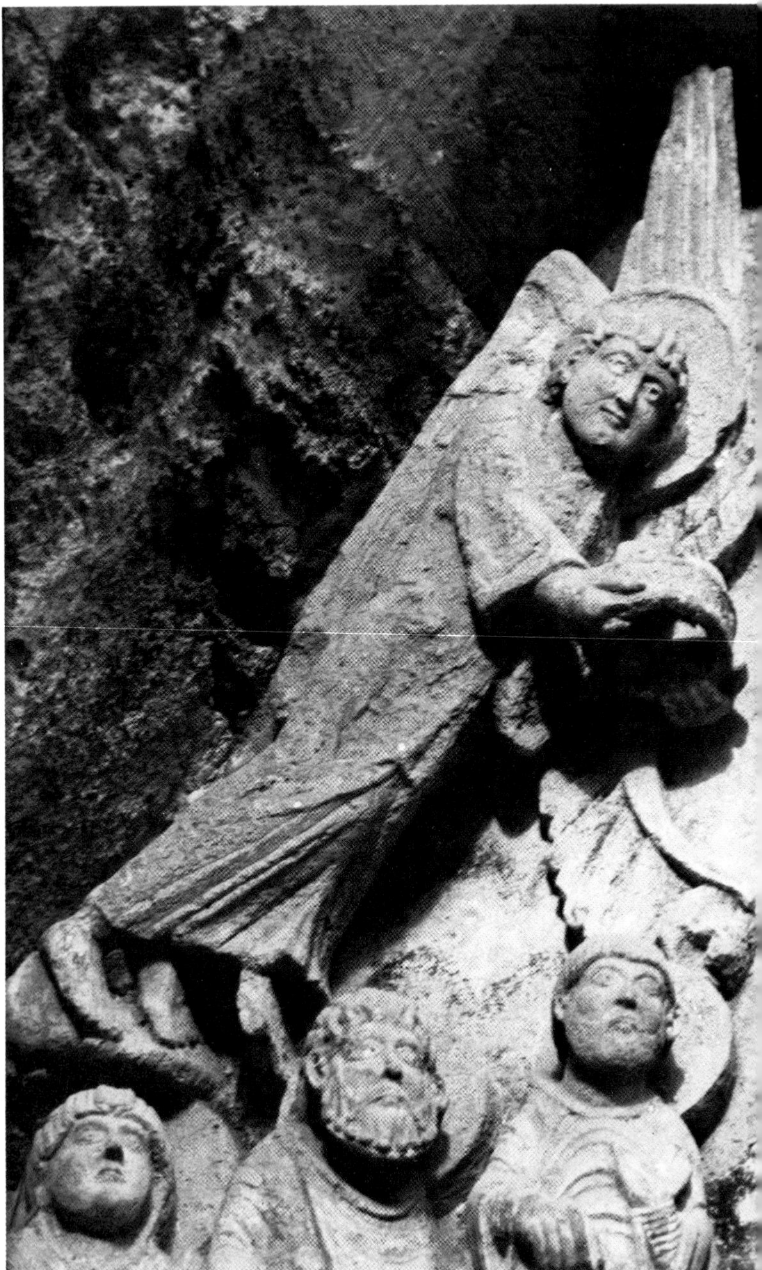

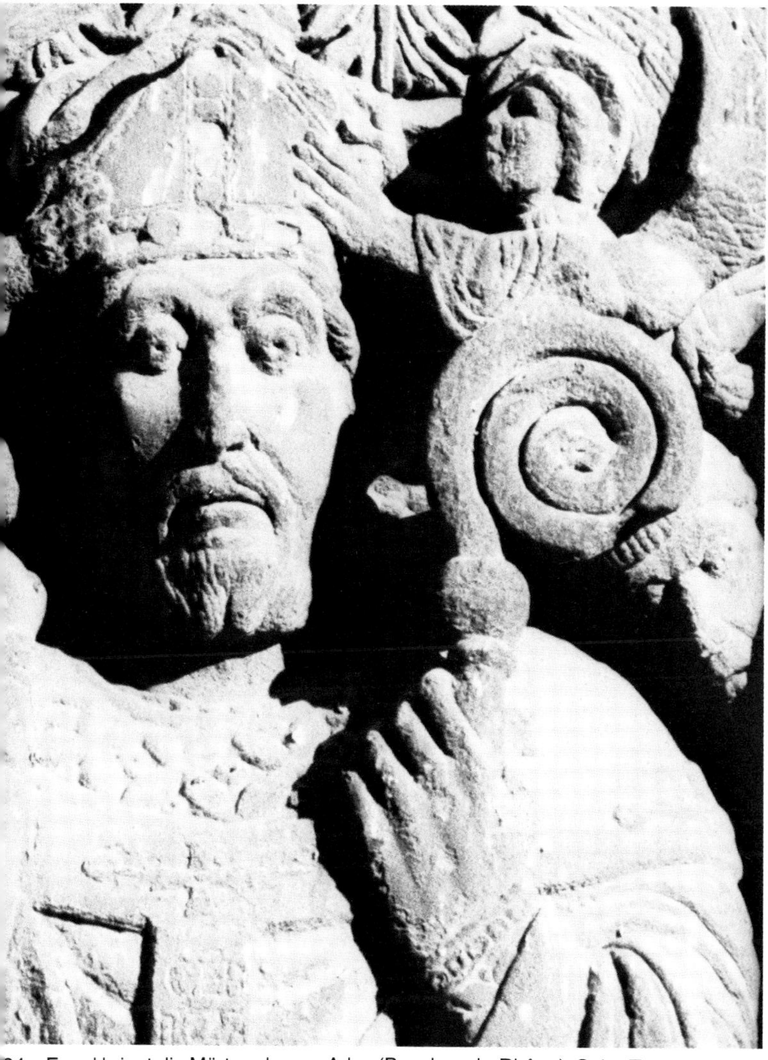

84 Engel bringt die Märtyrerkrone, Arles (Bouches-du-Rhône), Saint-Trophime, Portal, letztes Drittel 12. Jh.

◁

83 Engel bringt die Märtyrerkrone, Conques (Aveyron), Sainte-Foy, 12. Jh.

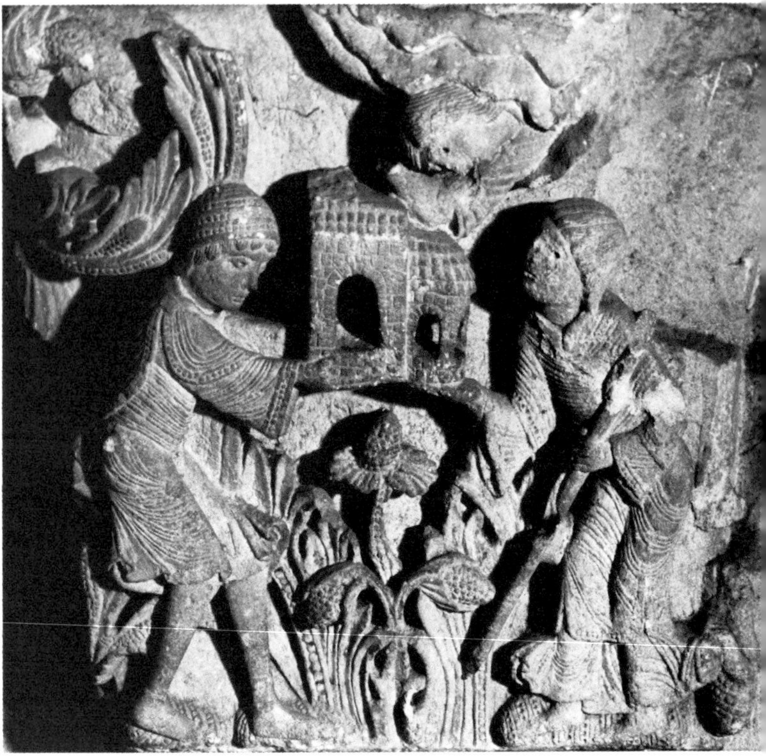

85 Stiftung der Kirche, Autun (Saône-et-Loire), Saint-Lazare, erste Hälfte 12. Jh.

86 Petrus mit Engeln, Toulouse (Haute-Garonne), Saint-Sernin, Anfang 12. Jh. ▷

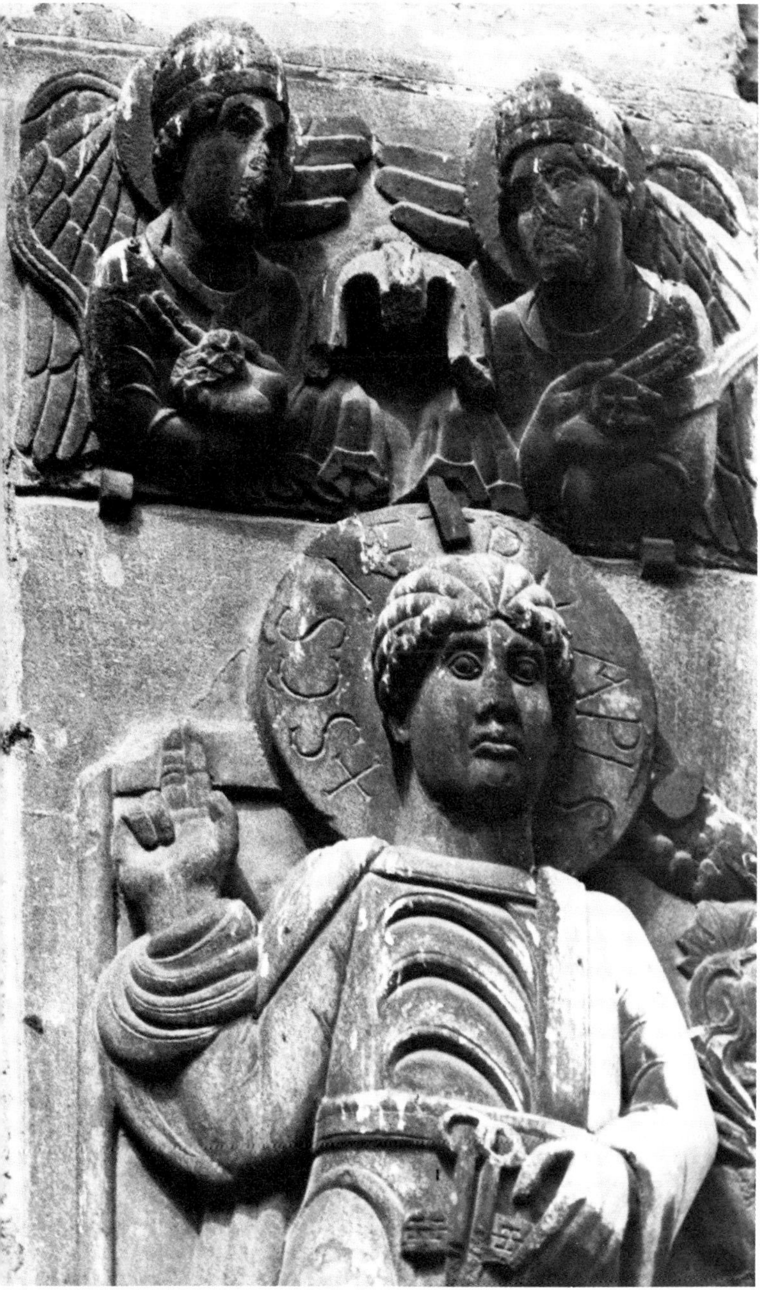

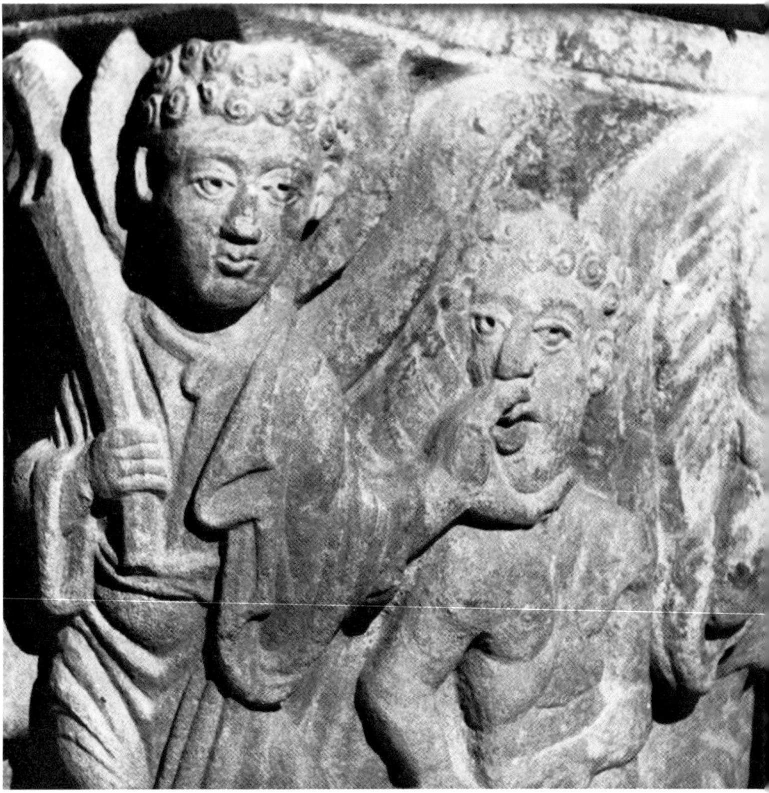

87 Engel, »die hielten die vier Winde der Erde, auf daß kein Wind über die Erde bliese, noch über das Meer, noch über irgend einen Baum« (Offenbarung des Johannes 7,1), Mozac (Puy-de-Dôme), 12. Jh.

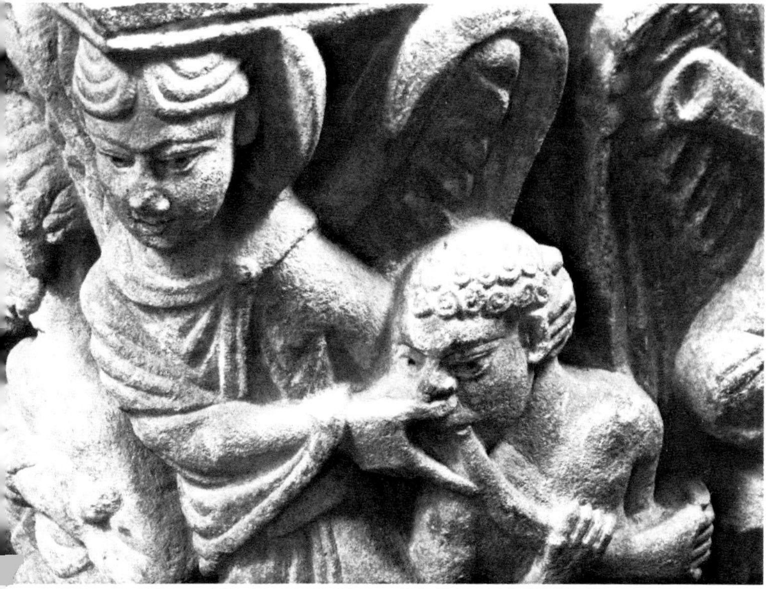

:8, 89 Engel, der den Wind festhält, Mozac (Puy-de-Dôme), 12. Jh.

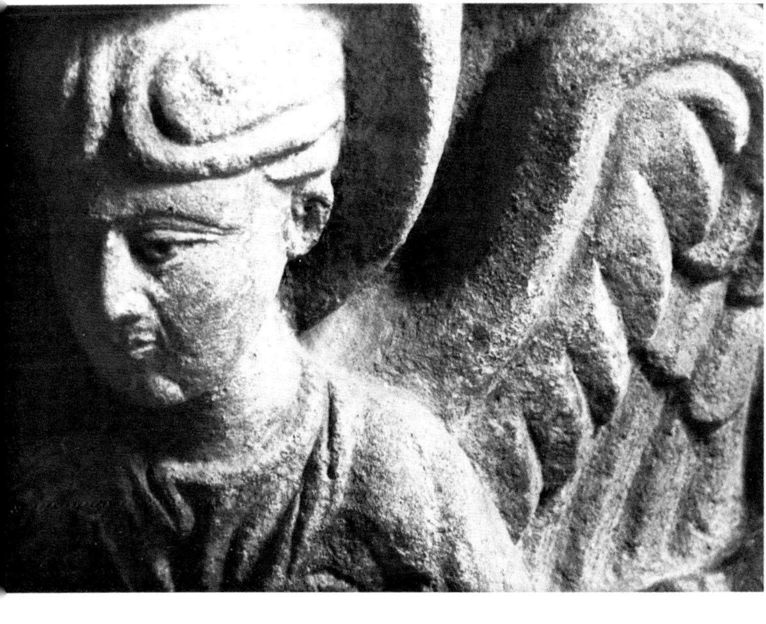

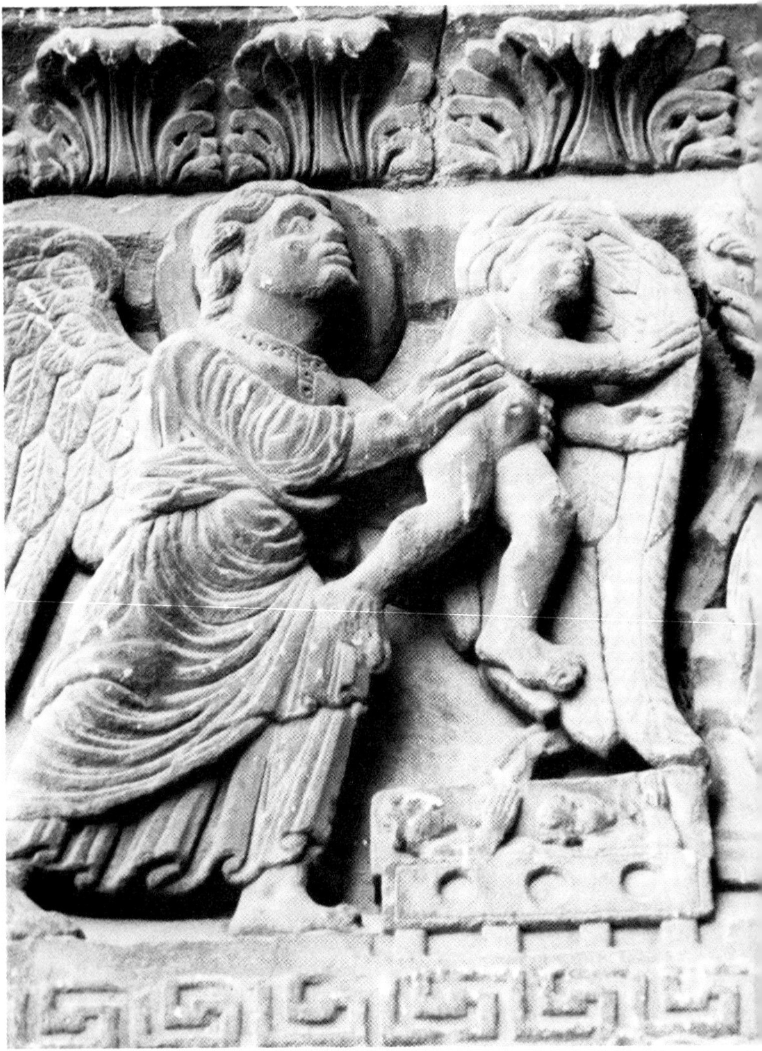

90 Engel trägt die Seele eines Erwählten in Abrahams Schoß, Arles (Bouches-du-Rhône), Saint-Trophime, Portal, letztes Drittel 12. Jh.

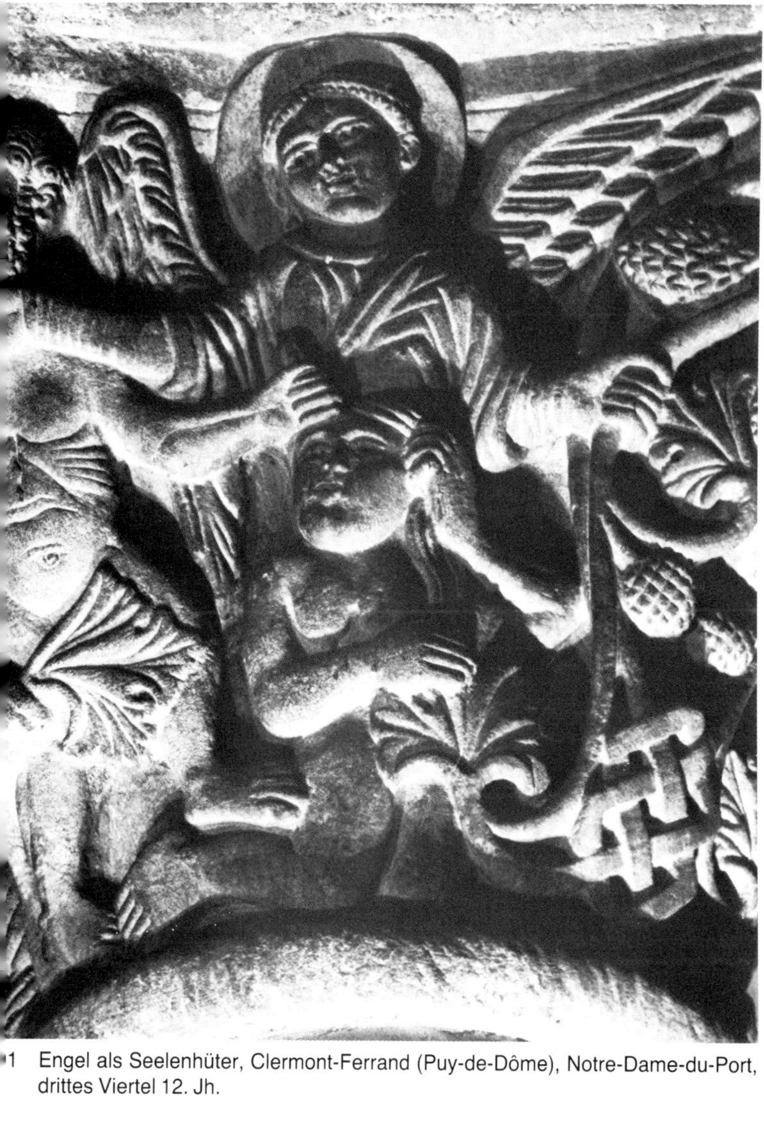

1 Engel als Seelenhüter, Clermont-Ferrand (Puy-de-Dôme), Notre-Dame-du-Port, drittes Viertel 12. Jh.

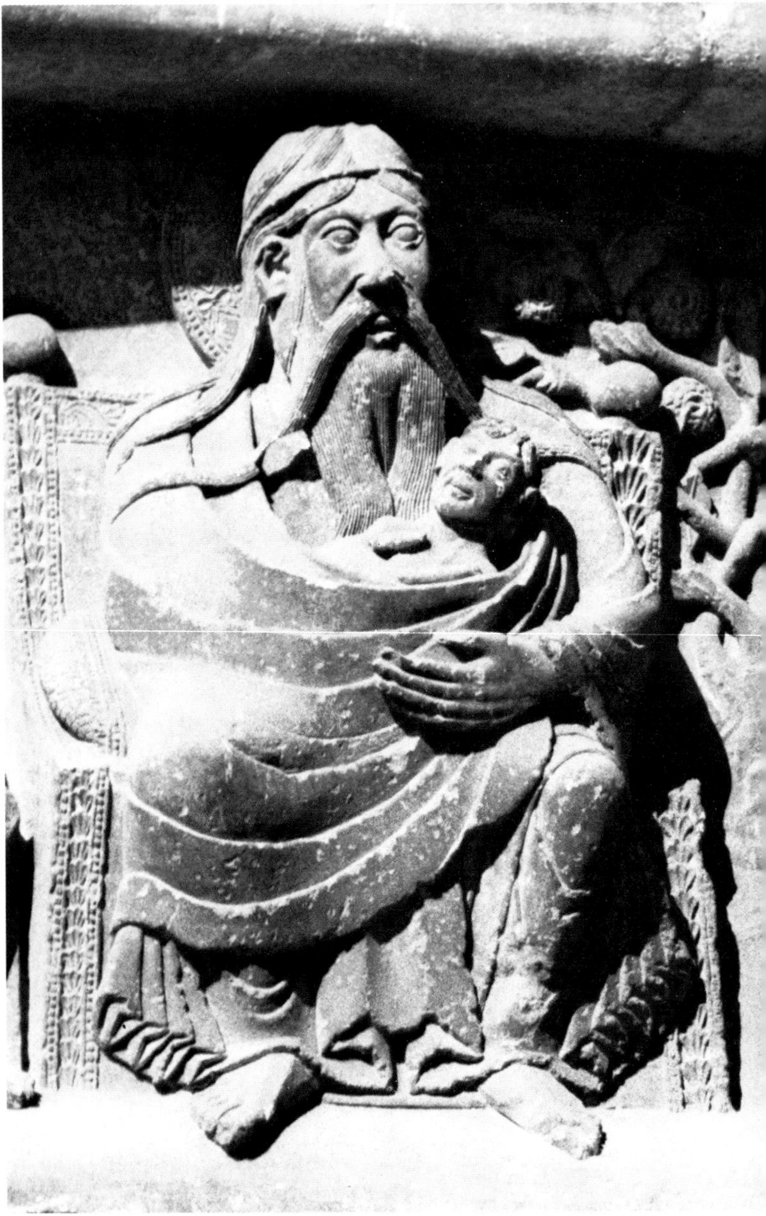

92 Engel trägt die Seele des verhungerten Lazarus in Abrahams Schoß, Moissac (Tarn-et-Garonne), Saint-Pierre, erstes Drittel 12. Jh. (vgl. Lukas 16,19ff.)

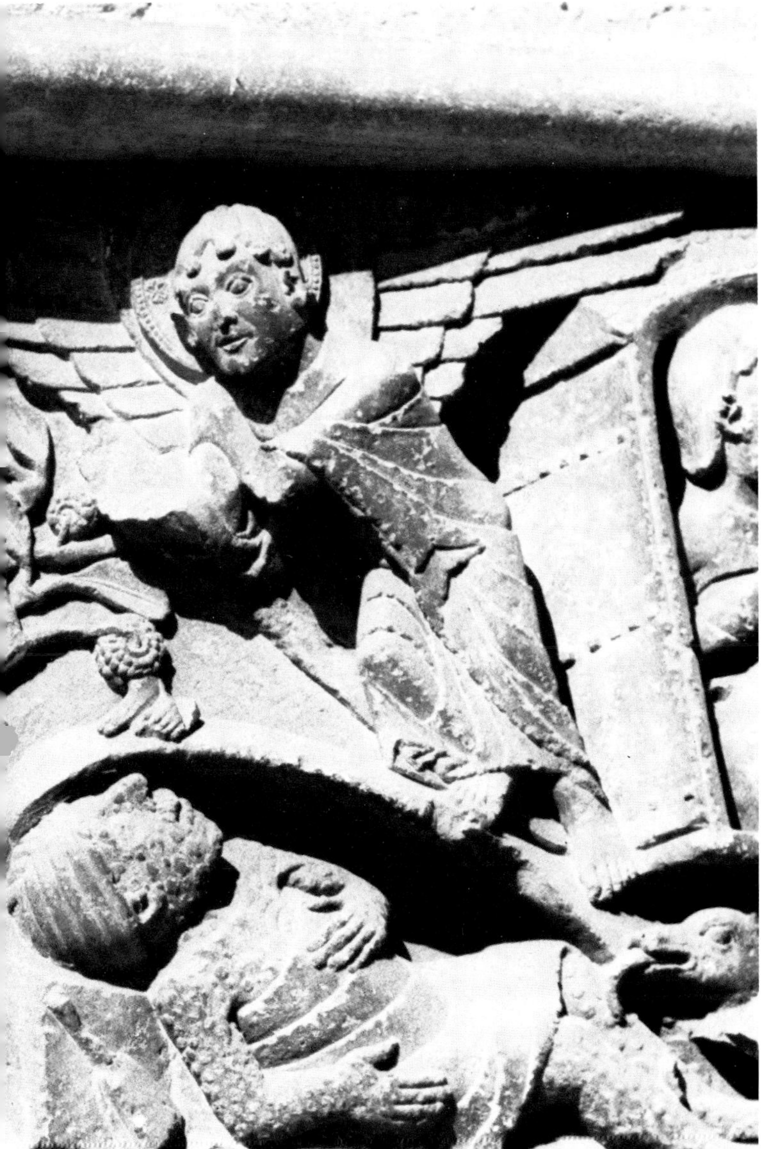

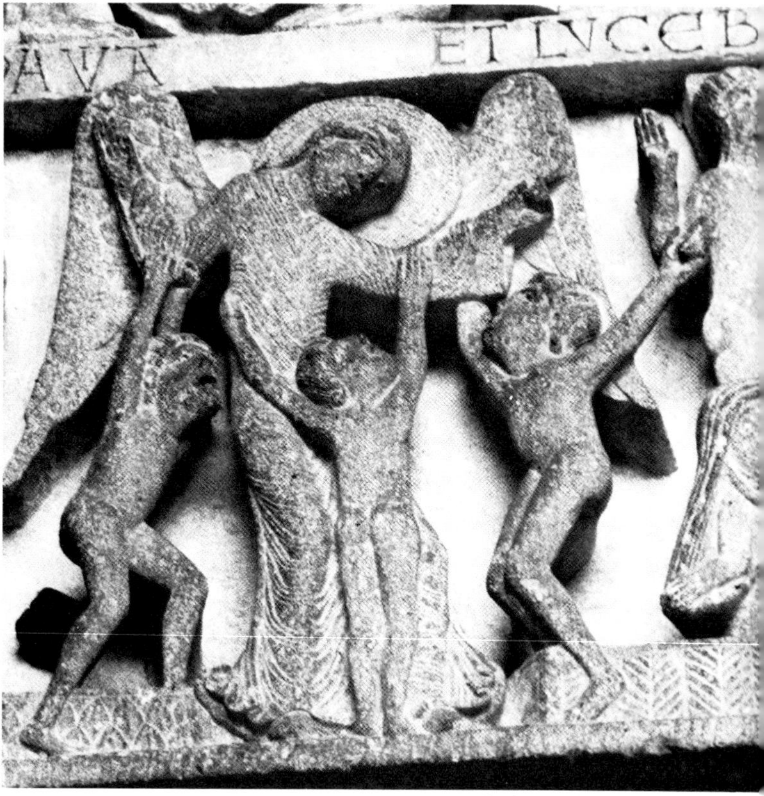

93 Engel nimmt sich der Seelen an, Autun (Saône-et-Loire), Saint-Lazare
1130–1135

▷

94 Stephanus-Martyrium, Engel empfangen die Seele des Heiligen, Arles (Bouches-
du-Rhône), Saint-Trophime, Portal, letztes Drittel 12. Jh.

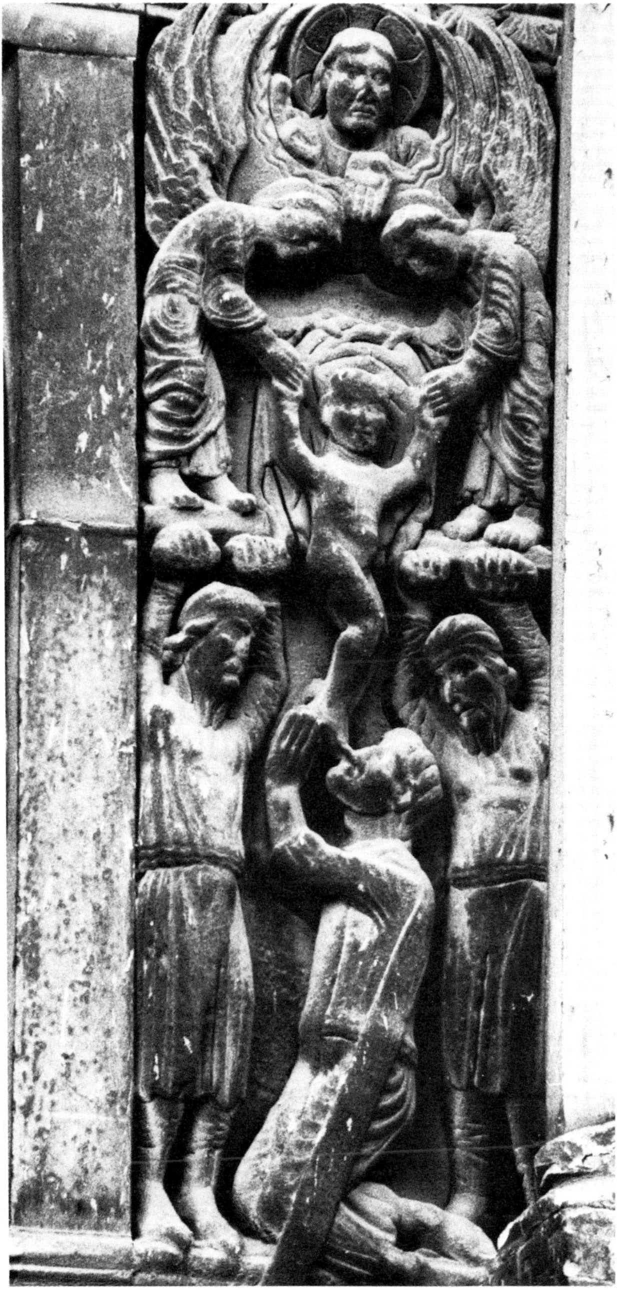

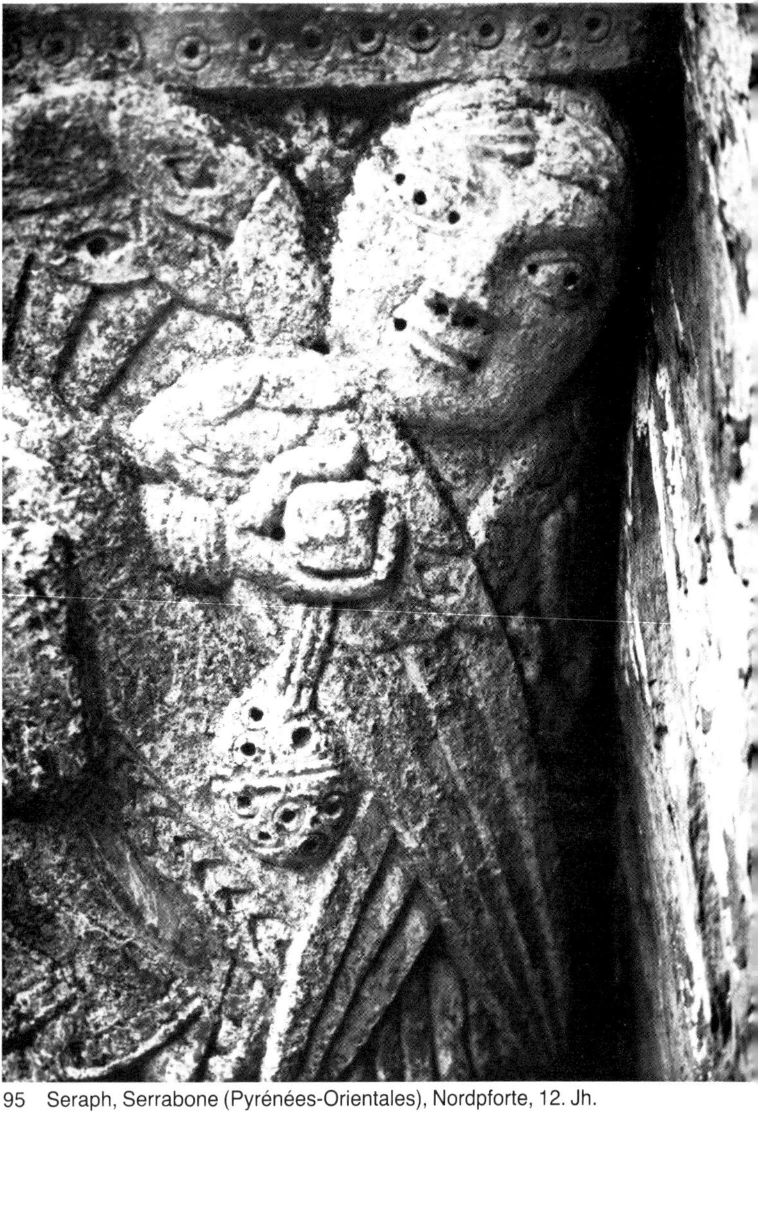

95 Seraph, Serrabone (Pyrénées-Orientales), Nordpforte, 12. Jh.

Literatur

1. Adler, Gerhard: *Erinnerungen an die Engel. Wiederentdeckte Erfahrungen,* Freiburg 1986
2. Ball, Hugo: *Byzantinisches Christentum,* Frankfurt 1979
3. Gorrion, Micha Josef bin: *Der Born Judas,* 1. u. 2. Bd., Frankfurt 1973
4. Hamman, Adalbert: *Die ersten Christen,* Stuttgart 1985
5. Bouyer und E. de Solms: *Anges et Démons,* Zodiaque 1972
6. Heinz-Mohr, Gerd: *Lexikon der Symbole,* Düsseldorf-Köln 1974
7. Moolenburgh, H. C.: *Engel als Beschützer und Helfer des Menschen,* Freiburg 1985
8. Guardini, Romano: *Der Engel in Dantes Göttlicher Komödie,* München 1951
9. Rupprecht-Hirmer: *Romanische Skulpturen in Frankreich,* München 1975
10. Schmidt, Heinrich u. Margarethe: *Die vergessene Bildersprache christlicher Kunst,* München 1982
11. Tatic-Djuric, Mirjana: *Das Bild der Engel,* Recklinghausen 1962
12. Terrasse, Charles: *La Cathédrale. Miroir du Monde,* Paris 1954
13. Jung, C. G.: *Bewußtes und Unbewußtes,* Frankfurt 1962
14. Friedlaender, Ludwig: *Darstellungen aus der Sittengeschichte Roms in der Zeit von Augustus bis zum Ausgang der Antonine,* Bd. III, Leipzig 1921
15. *Die Bibel,* Übersetzung Martin Luthers
16. Péguy, Charles: *Le monde de Chartres,* Paris 1965
17. Beigbeder, Olivier: *Lexique des Symboles,* Zodiaque 1969

Verzeichnis der Abbildungen

Farbtafeln

Schwarzweiß-Abbildungen

Engel als Boten und Verkünder

8 Verkündigung an Maria, Chartres (Eure-et-Loir), Westportal, Mitte 12. Jh.
9 Gabriel: Verkündigung an die Hirten, Arles (Bouches-du-Rhône), Saint-Trophime, Kreuzgang, Mitte 12. Jh.
10 Verkündigung an die Hirten, Chauvigny (Vienne), Saint-Pierre, 12. Jh.
11 Engel mit Heilssymbolen, Espalion (Aveyron), Saint-Hilarien, 11. Jh.
12 Engel mit Heiliger Schrift, Saillac (Corrèze)
13 Engel mit Heilssymbolen, Saint-Pierre-Toirac (Lot), 11. Jh.
14 Engel mit Schrifttafel, Espalion (Aveyron), Saint-Hilarien, 11. Jh.
15 Christus in der Mandorla mit Tetramorph, Toulouse (Haute-Garonne), Saint-Sernin, Ende 11. Jh.
16 Kopf des Matthäus-Engels, Aix-en-Provence (Bouches-du-Rhône), Saint-Sauveur, Kreuzgang, Ende 12. Jh.
17 Engel als Matthäus-Symbol, Carennac (Lot), Tympanon, 12. Jh.
18 Engel am Grab Christi, Autun (Saône-et-Loire), Saint-Lazare, erste Hälfte 12. Jh.
19 Engel am Grab Christi, Saulieu (Côte-d'Or), Saint-Andoche, erste Hälfte 12. Jh.
20 Engel der Auferstehung, Mozac (Puy-de-Dôme), 12. Jh.
21 Engel als Verkünder, Cahors (Lot), Tympanon des Nordportals, um 1135
22 Verkündigung an Anna, Autun (Saône-et-Loire), Saint-Lazare, erste Hälfte 12. Jh.
23 Engel erklären die Himmelfahrt Christi, Chartres (Eure-et-Loir), Westportal, Mitte 12. Jh.
24 Abrahams Opfer, Autun (Saône-et-Loire), Saint-Lazare, erste Hälfte 12. Jh.
25 Josephs Traum, Saint-Gilles (Gard), Abteikirche, zweites Viertel 12. Jh.
26 Bileams Esel scheut vor dem Engel, Saulieu (Côte-d'Or), Saint-Andoche, erste Hälfte 12. Jh.

Engel als Vollstrecker göttlichen Willens

27 Erzengel Michael tötet den Drachen, Saint-Michel-d'Entraigues (Charente), Tympanon, Mitte 12. Jh. *Foto: Bildarchiv Foto Marburg*
28 Erzengel Michael, Moissac (Tarn-et-Garonne), Saint-Pierre, Kreuzgang, 11. Jh.
29 Michael und Seraph, Serrabone (Pyrénées-Orientales), Prioratskirche, um 1150
30 Drachentöter Michael, Saint-Gilles (Gard), Abteikirche, Portal, zweites Viertel 12. Jh.

31 Michael: Vertreibung aus dem Paradies, Nîmes (Gard), Saint-Castor, zweite Hälfte 12. Jh.

32 Michael hindert die Verdammten am Eintritt in die Paradiespforte, Arles (Bouches-du-Rhône), Saint-Trophime, Portal, letztes Drittel 12. Jh.

33 Vertreibung aus dem Paradies, Toulouse (Haute-Garonne), Saint-Sernin, Anfang 12. Jh.

34 Michael bekämpft einen Teufel, Montceaux-l'Etoile (Saône-et-Loire)

35 Michael bekämpft einen Teufel, Anzy-le-Duc (Saône-et-Loire), zweite Hälfte 11. Jh.

36 Michael: Seelenwägung, Arles (Bouches-du-Rhône), Saint-Trophime, Portal, letztes Drittel 12. Jh.

37 Seelenwägung, Autun (Saône-et-Loire), Saint-Lazare, 1130–1135

38 Seelenwägung, Chauvigny (Vienne), Saint-Pierre, 12. Jh.

39 Seelenwägung, Conques (Aveyron), Sainte-Foy, 12. Jh.

40 Jüngstes Gericht mit Posaune blasenden Engeln, Beaulieu-sur-Dordogne (Corrèze), Saint-Pierre, um 1130

41 Posaune blasende Engel, Arles (Bouches-du-Rhône), Saint-Trophime, letztes Drittel 12. Jh.

42, 43 Engel aus dem Jüngsten Gericht, Conques (Aveyron), Sainte-Foy, 12. Jh.

44 Engel aus dem Jüngsten Gericht, Conques (Aveyron), Sainte-Foy, 12. Jh.

45 Posaune blasender Engel, Martel (Lot), Saint-Maur

46 Posaune blasender Engel, Martel (Lot), Saint-Maur

47 Engel aus dem Jüngsten Gericht, Marcilhac-sur-Célé (Lot), Abtei, 11. Jh. (?)

48 Engel bändigt einen Teufel, Espira-de-l'Agly (Pyrénées-Orientales), Wende 12./13. Jh. (s. a. Abb. 1)

49 Himmlische Heerscharen, Chartres (Eure-et-Loir), Westportal, Mitte 12. Jh.

50 Himmlische Heerscharen, Arles (Bouches-du-Rhône), Saint-Trophime, Portal, letztes Drittel 12. Jh.

51 Befreiung Petri aus dem Kerker, Vézelay (Yonne), Sainte-Madeleine, erste Hälfte 12. Jh.

52 Der Engel befreit Petrus aus dem Kerker, Conques (Aveyron), Sainte-Foy, 12. Jh.

53 Jakobs Kampf mit dem Engel, Vézelay (Yonne), Sainte-Madeleine, erste Hälfte 12. Jh.

Gefallene Engel, geflügelte Wesen

54 Teuflischer Dienst, Bestrafung der Unzucht, Toulouse (Haute-Garonne), Saint-Sernin, Ende 11. Jh.

55 Versuchung Christi, Autun (Saône-et-Loire), Saint-Lazare, erste Hälfte 12. Jh.

56 Versuchung Christi, Saulieu (Côte-d'Or), Saint-Andoche, um 1100

57, 58 Abtrünnige Engel, Brioude (Haute-Loire), Saint-Julien, Ende 11. Jh.

59 Höllenszene, Conques (Aveyron), Sainte-Foy, 12. Jh.

60 Anbetung des Goldenen Kalbes, Autun (Saône-et-Loire), Saint-Lazare, erste Hälfte 12. Jh.

61 Tod des reichen Mannes aus der Lazarus-Legende, Vézelay (Yonne), Sainte-Madeleine, erste Hälfte 12. Jh.

62 Sturz Simons des Magiers, Autun (Saône-et-Loire), Saint-Lazare, erste Hälfte 12. Jh.

63 Siegesgöttin, Mozac (Puy-de-Dôme), 12. Jh.

Das himmlische Gefolge, Dienste der Engel

64 Seraph, Clermont-Ferrand (Puy-de-Dôme), Notre-Dame-du-Port

65 Seraphim und Posaune blasende Engel, Saint-André-de-Sorède (Pyrénées-Orientales), erste Hälfte 11. Jh.

66 Seraph, Saint-André-de-Sorède (Pyrénées-Orientales), 11. Jh.

67 Cherub, Saint-Michel-de-Cuxa (Pyrénées-Orientales), 12. Jh.

68, 69 Engel der Anbetung und Verehrung in den Tympana von Ganagobie (Basses-Alpes) und Corneilla-de-Conflent (Pyrénées-Orientales), 12. Jh.

70 Anbetung des Lammes, Saint-Junien (Haute-Vienne), Sarkophag des St-Junien, 12. Jh.

71 Engel, die Mandorla haltend, Saint-Genis-des-Fontaines (Pyrénées-Orientales), Abteikirche, Türsturz, 1019–1020

72 Engel, die Mandorla haltend, Saint-André-de-Sorède (Pyrénées-Orientales), Türsturz, erste Hälfte 11. Jh.

73 Engel der Himmelfahrt Christi, Montceaux-l'Etoile (Saône-et-Loire), Tympanon, 12. Jh.

74 Engel, auf die Auferstehung hinweisend, Cahors (Lot), Saint-Étienne, Nordportal, um 1135

75 Engel der Anbetung, Barjols (Var), Dorfkirche, Tympanon, Ende 12. Jh.

76, 77 Engel, die Jungfrau anbetend, in Figeac (Lot), Saint-Sauveur, 12. Jh., und in Chartres (Eure-et-Loir), rechtes Tympanon des Westportals, Mitte 12. Jh.

78 Engel der Verehrung, Toulouse (Haute-Garonne), Saint-Sernin, 12. Jh.
79 Engel der Verehrung, Toulouse (Haute-Garonne), Saint-Sernin, 12. Jh.
80 Engel der Anbetung, Arles (Bouches-du-Rhône), Saint-Trophime, Kreuzgang, Mitte 12. Jh.
81 Christi Himmelfahrt, Arles (Bouches-du-Rhône), Saint-Trophime, Kreuzgang, Mitte 12. Jh.
82 Engel weckt die Heiligen Drei Könige, Autun (Saône-et-Loire), Saint-Lazare, Kapitelsaal, erste Hälfte 12. Jh.
83 Engel bringt die Märtyrerkrone, Conques (Aveyron), Sainte-Foy, 12. Jh.
84 Engel bringt die Märtyrerkrone, Arles (Bouches-du-Rhône), Saint-Trophime, Portal, letztes Drittel 12. Jh.
85 Stiftung der Kirche, Autun (Saône-et-Loire), Saint-Lazare, erste Hälfte 12. Jh.
86 Petrus mit Engeln, Toulouse (Haute-Garonne), Saint-Sernin, Anfang 12. Jh.
87 Engel, »die hielten die vier Winde der Erde, auf daß kein Wind über die Erde bliese, noch über das Meer, noch über irgend einen Baum« (Offenbarung des Johannes 7,1), Mozac (Puy-de-Dôme), 12. Jh.
88, 89 Engel, der den Wind festhält, Mozac (Puy-de-Dôme), 12. Jh.
90 Engel trägt die Seele eines Erwählten in Abrahams Schoß, Arles (Bouches-du-Rhône), Saint-Trophime, Portal, letztes Drittel 12. Jh.
91 Engel als Seelenhüter, Clermont-Ferrand (Puy-de-Dôme), Notre-Dame-du-Port, drittes Viertel 12. Jh.
92 Engel trägt die Seele des verhungerten Lazarus in Abrahams Schoß, Moissac (Tarn-et-Garonne), Saint-Pierre, erstes Drittel 12. Jh.
93 Engel nimmt sich der Seelen an, Autun (Saône-et-Loire), Saint-Lazare, 1130–1135
94 Stephanus-Martyrium, Engel empfangen die Seele des Heiligen, Arles (Bouches-du-Rhône), Saint-Trophime, Portal, letztes Drittel, 12. Jh.

95 Seraph, Serrabone (Pyrénées-Orientales), Nordpforte, 12. Jh.

(Umschlagfoto, Farbtafeln und Schwarzweiß-Abbildungen mit Ausnahme von Abb. 27: Dr. Barnim Heiderich, Aachen)

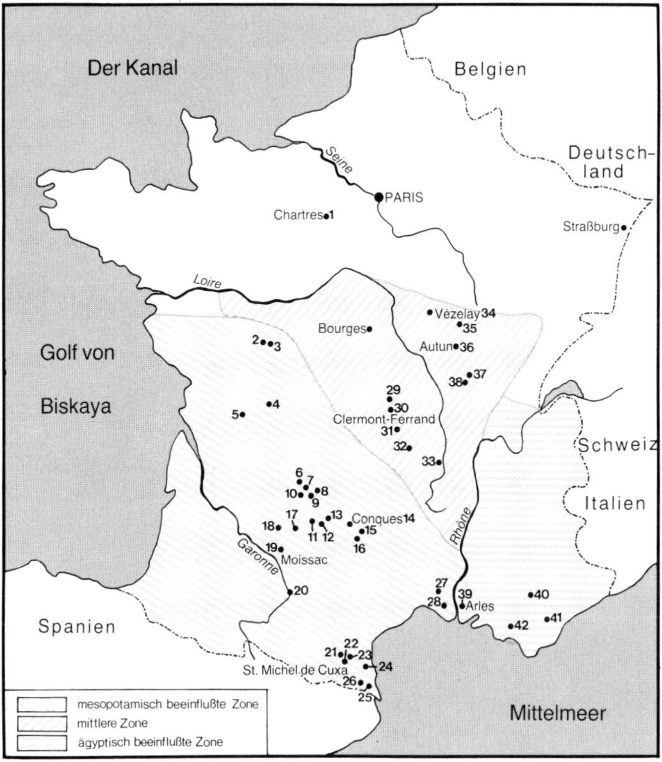

1 Chartres 2 Chauvigny 3 Saint-Savin 4 Saint-Junien 5 Saint-Michel-d'Entraigues 6 Saillac 7 Martel 8 Beaulieu 9 Carennac 10 Rocamadour 11 Marcilhac-sur-Célé 12 Saint-Pierre-Toirac 13 Figeac 14 Conques 15 Espalion 16 Bozouls 17 Cahors 18 Duravel 19 Moissac 20 Toulouse 21 Corneilla-de-Conflent 22 Saint-Michel-de-Cuxa 23 Serrabone 24 Espira-de-l'Agly 25 Saint-André-de-Sorède 26 Saint-Genis-des-Fontaines 27 Nîmes 28 Saint-Gilles 29 Saulcet 30 Mozac 31 Clermont-Ferrand 32 Issoire 33 Brioude 34 Vézelay 35 Saulieu 36 Autun 37 Montceaux-l'Etoile 38 Anzy-le-Duc 39 Arles 40 Ganagobie 41 Barjols 42 Aix-en-Provence

Ortsregister

Von Ingeborg Tetzlaff erschienen in unserem Verlag:

Romanische Portale in Frankreich

Waage und Schwert, Schlüssel und Schrift

139 Seiten mit 104 einfarbigen Abbildungen (DuMont Taschenbücher, Band 56)

Dieses Buch zeigt die schönsten Beispiele und den Formenreichtum romanischer Portale in Frankreich. In einer eindrucksvollen Bildfolge werden neben Gesamt- und Teilansichten der Portale vor allem Skulpturen in Detailaufnahmen hervorgehoben.

Romanische Kapitelle in Frankreich

Löwe und Schlange, Sirene und Engel

144 Seiten mit 100 einfarbigen Abbildungen (DuMont Taschenbücher, Band 38)

»Ein prächtiges Bilderbuch, in dem man immer wieder blättert – ist doch die romanische Kunst die phantasievollste, erfindungsreichste und eine an Poesie unübertreffliche Periode der abendländischen Zivilisation.«

Basler Nachrichten

Drei Jahrtausende Provence

Vorzeit und Antike, Mittelalter und Neuzeit

328 Seiten mit 46 farbigen und 126 einfarbigen Abbildungen, 114 Zeichnungen und Plänen, 14 Seiten praktischen Reisehinweisen, Glossar und Register, kartoniert (DuMont Reiseberichte)

Licht der Provence

253 Seiten mit 14 farbigen und 43 Schwarzweißfotos, Wiedergaben alter Stiche, Register (DuMont Reiseberichte)

»Ein schönes Buch mit ausnahmslos subtilen Fotos, ein Lesebuch für Leute, die in die Provence verliebt sind. Ingeborg Tetzlaff vermittelt auch dem anspruchsvollen Leser einen umfassenden Begriff von der geschichtlichen Bedeutung dieser faszinierenden Natur- und Kulturlandschaft, von ihrem poetischen Geist und ihrem reichen künstlerischen Erbe.«

Mannheimer Morgen

Griechische Vasenbilder

Die Themen, Symbole, Zweck und Form

Über Kult, Verbreitung und Ausstrahlung

152 Seiten mit 8 farbigen und 107 einfarbigen Abbildungen, Tabelle der Vasenformen, Bildregister (DuMont Taschenbücher, Band 89)

»Ein Buch, das den Blick für eine sehr spezielle Form der antiken Kunst schärft und ohne Bildungshochmut Verständnis weckt.« *Die Welt*

Malta und Gozo

Die goldenen Felseninseln – Urzeittempel und Malteserburgen

224 Seiten mit 24 farbigen und 116 einfarbigen Abbildungen, 63 Plänen und Zeichnungen, Literaturhinweisen, 16 Seiten praktischen Reisehinweisen, Register (DuMont Kunst-Reiseführer)